共情式沟通

一緒にいてラクな人、疲れる人

[日] 古宫昇 著
赤于香 译

群言出版社
QUNYAN PRESS
·北京·

图书在版编目（CIP）数据

共情式沟通 /（日）古宫昇著；赤丁香译 . —北京：群言出版社，2020.5
ISBN 978-7-5193-0496-6

Ⅰ.①共… Ⅱ.①古… ②赤… Ⅲ.①人际关系－社会心理学－通俗读物 Ⅳ.① C912.11-49

中国版本图书馆 CIP 数据核字（2020）第 0730029 号

版权登记：图字 01-2020-1706 号

ISSHONIITE RAKUNA HITO, TSUKARERU HITO
Copyright © 2015 by Noboru KOMIYA
First published in Japan in 2015 by PHP Institute, Inc.
Simplified Chinese translation rights arranged with PHP Institute, Inc.
through Bardon-Chinese Media Agency.

责任编辑	张碧英
封面设计	WONDERLAND Book design 仙鹿 QQ:344581934
出版发行	群言出版社
地　　址	北京市东城区东厂胡同北巷 1 号（100006）
网　　址	www.qypublish.com（官网书城）
电子信箱	qunyancbs@126.com
联系电话	010-65267783　65263836
经　　销	全国新华书店
印　　刷	河北鹏润印刷有限公司
版　　次	2020 年 7 月第 1 版　2020 年 7 月第 1 次印刷
开　　本	880mm×1230mm　1/32
印　　张	7
字　　数	122 千字
书　　号	ISBN 978-7-5193-0496-6
定　　价	46.80 元

【版权所有，侵权必究】
如有印装质量问题，请与本社发行部联系调换，电话：010-65263836

前　言

请你试着回想一下人生中的美好时光，那时你的人际关系肯定很好：有相处愉悦的朋友，有暖心的另一半，有相亲相爱的家人。反过来，如果你在某段时间里过得很辛苦，那时你的人际关系一定比较差：被人欺负，被上司苛待，与恋人失和，与家人关系恶化，十分孤独……

决定人生是幸福美满还是不幸失意，最重要的因素就是人际关系。那么，什么样的人才讨人喜欢呢？我班上的孩子们希望知道这个问题的答案，他们向许多人发出调查问卷，询问"您对什么样的人有好感"。在"说话有趣的人""善于倾听的人"等许多备选答案中，排第一的是"让人放松的人"。

因此，为了从人际关系中受惠，幸福快乐地生活，最重要的一点就是"相处起来让人放松"。然而，每个人都会有"和那人相处真让人心累"的时刻。让人心累的人绝不会从人际关系中受惠。你是这样的人吗？

"让人放松的人"和"让人心累的人"有何不同？怎样才能成为"让人放松的人"？这本书将告诉你答案。只要你认真实践，肯定会比现在更讨人喜欢，人际交往会变得更顺畅。但是，正因为本书的方法行之有效，所以那些试图强制改变他人思维，以为"只要能有利于自己，麻烦别人也没什么大不了"的人最好别去阅读它。

这本书是为那些希望构建幸福快乐的人际关系的人写的。你是这样的人吗？你还在往下读吗？如果是，那么，你正是我希望传授人际关系秘诀的人选。我已经准备好对你倾囊相授，包括我失败又心酸的过去。

我是心理学博士，作为心理咨询师，在过去二十多年间，我在日美两国为五千多人提供了心理援助。我曾在美国医院精神科、心疗内科以及日美两国大学心理咨询室工作，现在自己开了家咨询室。此外，我还接受过职业咨询师的训练，同时在大学接受临床心理师的教育。

在这里我必须向你坦白，以前我没接触过咨询，也不是"让人放松的人"。

当我还是个小学生时，父母总是争吵不休，我常常独自哭泣，心里想"我真不幸"。我母亲很没有安全感，总是过度焦虑，情绪极不稳定。那时我想，即便有一天，我们母子自杀身亡也没什么好奇怪的。我就在这样的环境下一天天长大。后来他们离婚了。小妹和我随脾气火爆的母亲一起生活，我总是战战兢兢、惊恐不安。这导致我发育迟缓、性格懦弱，在学校被人欺负。

现在回想起来，我以前对别人极其不信任，但我一直隐藏着这种不信任感，在表面上与人交好。然而，由于内心顽固的不信任感，我几乎不能向人敞开心扉，难以和人展开深入对话，对话氛围常常变得尴尬无比。在别人看来，那样的我并不是个"让人放松的人"。

即便如此，情形也因为各种机缘而一点一点改变。机缘之一就是接受心理咨询，本书将对此予以详细介绍。

在本书中，你可以具体地学习怎样才能成为"让人放松的人"。当然，谁都不是天生如此。但是，随着逐一实践我介绍的方法，你将更讨人喜欢。快乐时与好友一起度过，于是喜悦加倍；难受时有人支援，于是苦涩减半。你周围的人也因为有你在，所以变得更幸福。于是乎，你的人生中，快乐和喜悦进一步增加。让我们一起踏上这一场快乐之旅吧！

目 录 CONTENTS

Part I 基础篇
懂得共情的人，更受人欢迎

关键点 1 / 003
人们喜欢获得，适当给予会更受欢迎

关键点 2 / 011
人们以自我为中心，放下身段会更受欢迎

关键点 3 / 017
人们有自尊心，学会示弱会更受欢迎

关键点 4 / 023
人们不喜欢被指责，学会谅解会更受欢迎

关键点 5 / 031
人们不喜欢被误解，学会理解会更受欢迎

关键点 6 / 037

人们认为自己是对的，认可他人会更受欢迎

关键点 7 / 041

人们不喜欢负能量，开朗乐观会更受欢迎

关键点 8 / 051

人们不喜欢奇怪的人，大方做人会更受欢迎

Part II 实践篇一

沟通还得有技巧

方法 1 / 059

记住别人的名字

方法 2 / 063

学会表达感谢

方法 3 / 067

学会赞美他人

方法 4 / 075

学会缓解压力

方法 5 / 079
学会使用肢体语言

方法 6 / 087
展露笑容

方法 7 / 095
温柔沉稳地说话

方法 8 / 101
构建双赢关系

方法 9 / 111
留出独处的时间

方法 10 / 117
感谢伤害你的人

Part Ⅲ　实践篇二

共情式沟通，是人际关系高手的杀手锏

这样聊天，你一定会成为人际高手 / 127

Part IV 特别篇
如何成为一个有亲和力的人

方法 1 / 151
改变消极认知

方法 2 / 177
心理咨询能帮你改变负面思维

结语 / 207

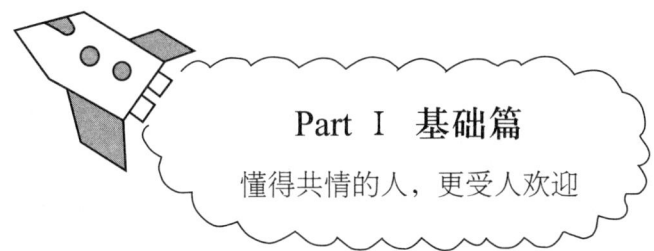

Part I 基础篇

懂得共情的人,更受人欢迎

关键点 1

人们喜欢获得，适当给予会更受欢迎

"我怕生……"

春天到了，离别和见面的季节来临了。这天，是信次大学毕业后第一天上班，参加欢迎会。今年的新员工共20人，为了欢迎新人，各部门员工颇费了一番工夫，最后确定在一家宽敞豪华的酒店举行欢迎会。在所有人拿到饮品，互相干杯后，轮到新人做自我介绍了。

信次很紧张，视线飘忽不定……终于轮到信次了。他盯着脚尖慢慢站起来，如此介绍自己："那个，我叫中村信次。我怕生……虽说我不主动跟人说话，但是大家有什么事的话,请跟我说一声。请多关照。"他显得非常不自信,自我介绍从头到尾都盯着脚尖,声音还没蚊子声大,坐在桌子对面的人可能都听不清楚。

在自我介绍的场合,像信次这样的人为数不少。老实说,我不认为周围的人会希望与这样的人相处或者认为这样的人"能让人放松"。因为这样的人简直就是在说"我拒绝主动给予你,请你单方面地给予我"。他们拒绝主动向别人"搭话""表示关心",只是希望单方面地从别人那里得到关注。

当然,信次绝无恶意。但是,由于他总想当接受方,对方会无意识地察觉到这一点,因"不想被掠夺"而对他关闭心扉。因此,对于像信次这样优先考虑"从别人那里得到"的人,周围的人不会希望与其相处。

做首先给予的人

我以职业咨询师为对象开设了提升咨询技术的实践讲座,参加者内心抱着"咨询真的会提升吗?""能值回讲座费吗？""老师讲的好懂吗？""参加者会被好好接待吗？"等各种各样的想法来参加讲座。他们的想法存在一个共同点：大家都是希望得到某种好处才来参加的。这很好理解，自己交了讲座费，当然想从对方那里得到回报。

但是，有一个参加者的想法与众不同。她叫依子，是个职业咨询师，她为参加者买了很多甜甜圈，还说："想在休息时间和大家一起吃。"尽管是交了讲座费的，但她却是以"给予对方"的心态来参加的。她在事业咨询领域非常活跃，我时常从相识的咨询师那里听到对她的赞赏，还曾在地铁站看到过印着她头像的"职业咨询师演讲会"海报。

因为依子总想着给予对方，所以很多人喜欢与她相处，她也得到很多人的支持。

我们也一样，**给予别人越多，越能实现梦想；越是努力成为让人放松的人，别人越希望和你交往。**

别过于关注他人评价

越是让人心累的人，内心越是战战兢兢。"别人会认为我是个让人放松的人吗？""要是我不讨人喜欢的话，该怎么办？"这样的想法终归还是会传递给对方，于是对方也多少会心存芥蒂，制造出心中的壁垒。那怎么做才好呢？我的建议是，别担心别人对你的看法是怎样的，而是专注于给予对方好处。

最有效的是关心

用行动传达"希望和你处好关系"的讯息，换言之，"抱有善意""表示关心"，这是让人放松的最有效的方法。比如，看见人就欣喜地跑到跟前去的小猫小狗很讨人喜欢吧，可是小猫小狗并没有算计着"这么做一定会被人认为是可爱的""这么靠近人的话会讨人喜欢"，它们只不过是为了向人表达好感而已，也正因如此才讨人喜欢的。与其想方设法引起别人关心，不如自己先主动去表示对别人的关心。

尝试改变意识的方向

意识朝向自己的人,相处起来让人心累。"要是我不讨人喜欢,该怎么做才好啊?""人们都是怎么看我的?"意识朝向对方的人,相处起来能让人放松。"为他做点什么呢?""怎样做,他才高兴?"

为了得到别人的关心,你先向人表示关心是很重要的。否则,越是想着"把我想成那种让人放松的人吧""来喜欢我呀",越会产生相反的效果。请先专注于单纯地向对方倾注善意的关心这一点吧。

有很多方法能够向对方表达善意的关心,在此介绍其中的几种。邀请人一起吃饭或者参加某个活动,例如,"下次回去时一起喝一杯?""去车站前新建的饭店吗?"另外,如果约的是异性,有时比起二人世界,在人多的情况下,对方更有可能会来。在这种情况下,请让对方加入多人聚会之中,比如,"想办个酒会,木村你也来吧?""下个月跟我们科的人一起去打高尔夫吗?"

你是否会有这样的担心:"我好腼腆,不擅长约人。要是被拒就惨了。这对我来说难度太高。"在你打算合上这本书之前,请先等等,因为除了上面的方法以外,还有很多方法能用行动向人传达"想与你处好关系"这一信息,比如主动跟人打招呼,笑脸对人,叫出对方的名字……在后面,我还将介绍更多其他方法。

日常小事也是很好的

主动做事往往能惠及他人,哪怕日常小事也是好的。谁都能给别人提供点什么。平时奉上的小小温情,非常有助于提升人际关系,别人跟你相处时也会感觉放松。如果是在职场,可以将抗疲劳的清凉油用手绢包着放到累了的同事桌上;给累了的同事泡杯茶;把写着"谢谢"的便签放到别人桌上。在家中,清晨为还睡着的爱人泡杯咖啡端到床边。试着找找看,你能做好多事情呢。

我刚说到依子女士带着甜甜圈来参加讲座,换作是你来参加我的讲座,会为大家带甜甜圈吗?如果回答"是",那么请一定要延续这样的优良作风啊!例如,在便利店、饭店等处付款时，正视收银员的眼睛说"多谢"。

给予别人正能量的事情，并不总是能完美呈现的，我们为什么还要努力比昨日更进一步向人们传达善意和关心呢？因为那样做的话，与昨日相比，别人和你相处起来也会更放松。

细微处的温柔最有效

称呼对方的名字；主动跟对方打招呼；说一句"××先生您辛苦了"；留下"多谢"便签；替对方冲杯咖啡……此般小事，也向对方传达了"想与你处好关系"的信息。

关键点 2

人们以自我为中心，放下身段会更受欢迎

自己会什么？

"人生在世不好混：工资少、假期少，得不到认可……为了跳出这样的不公平的人生，我们应该怎么做？改变哪一点，我们才能变得快乐些？人生都存在着怎样的可能性？于是，我从不知前路与目的地的人生列车副驾驶的位置，转变到握着方向盘自由自在前进的驾驶位上。"

这段话出自畅销书作家望月俊孝先生。望月先生曾同时遭受公司裁员、欠下巨额债务及抱有强烈的自我厌恶感等诸多不幸。而后，他从这样的人生低谷中走出来，出人头地,现在致力于向更多人传授保持身心健康、实现梦想的人生方程式。作为讲师,他的人气超旺;作为社长,他也大获成功。据说,望月先生以前总是只盯着自己想要得到的东西,总是愤懑不平。后来,他转而思考自己能为别人做些什么,坚持踏踏实实地做自己能做的事情,这才成功逆袭。

这一点对于成为"让人放松的人"来说非常重要。原因在于,比起期待从别人那里得到好处,由自己主动给予别人正能量更好。但是,这里有三点是需要注意的。

重视自己的真实感受

首先,自己主动接近别人,送别人礼物,为别人做事情,是因为自己喜欢才这样做的,而不是出于某种现实的(物质的)目的才去做的。如果你发自内心感到厌恶,那么即便你勉为其难地做了,于人于己也都是无益的,因为你总认为"我牺牲自己为你做了某事",所以要是对方没有回馈你,你就会气愤不已,忍不住责怪对方,"我不是为你做了某事嘛!现在,当然该换作你为我做点什么啦!"对方被这么责怪的话，肯定会反感的。即便你忍住不责怪对方，你的愤怒也会无意识地传达给对方，你与对方的关系会变差。

致谢并接受别人的给予

我想教给你的第二点就是，接受也是一种给予。因此，在别人给予你好意和温柔时，致谢并接受便好。而那些不重视自己的人，大多不善于接受。当有人为你做某事，邀请你一起吃饭或送你礼物时，请回复"哇！多谢！"并兴高采烈地接受。此时，你向对方提供了给予的喜悦。

与结果相比，自身的态度更重要

第三点，希望你铭记在心，当你给予对方时，要是把重点放在对方是否感恩上，那就可能被对方左右。请把重点放在"做给予别人正能量的自己"上。你不能改变别人，所以如果把重点放在别人是否像你所期待的那样对你感恩戴德上，你就会一次又一次地失望不已。

一流的运动选手常常在重大比赛前对自己说："只不过是我自己一个人的表演罢了。"他们并没有把比赛结果作为重点，他们深知奉献自己能够认可的表演才是重要的，以此为重点才是接近胜利的最佳方式。若以比赛结果为重点，他们将会失去自我，导致落败。

人际关系亦然。我将在本书中逐步告诉你成为"让人放松的人"的诸多方法。但是，实际上，你不可能让你见到的所有人喜欢你。帅气男星也好，女神级明星也罢，他们也无法讨得所有人的喜欢。

另外，一个极度怕生的人跟谁相处都不能放松，所以不论你是多么让人放松的人，他都会不由自主地紧张，导致你也觉得心累。**因此，比起在意"对方会认为我是个让人放松的人吗？""我会讨人喜欢吗？"，请力求以"成为给予别人正能量的最好的自己"为重点。**

当然，这一点并不总是能完美地做到。即使是一流的运动选手，有时也可能会只在意结果而让自己受苦。既然有些事情做不到也没什么，那么为什么不与昨日之我相比，聚沙成塔、集腋成裘，一步一步前进，成长为给予他人正能量的更好的自己呢？当你帮助别人时，你就是在为世界做出贡献，那时你会实际地感受到你自身的价值所在，并喜欢上你自己。而这样的你，已成为让人放松的人。

关键点 3

人们有自尊心,学会示弱会更受欢迎

这样的男士真能装

优子是个 31 岁的单身白领,她考虑结婚了,于是朋友给她介绍了在商社工作的某位"严谨"男士。昨晚,优子才刚和该男士一起吃饭。今天,优子端着酒杯,向朋友纱织"吐槽"昨晚的约会。"终于周末了,可以说实话啦!昨天那人,很傲啊!"纱织一愣,"傲?此话怎讲?"

优子回答:"他说他本来有进早稻田大学的实力,只不过入学考试失败了,才沦落到某某大学的,可那所大学的确是所学生良莠不齐的法学院,而他呢,在大学里非常优秀。他还说他上班的地方虽然不知名,可却是业内口碑甚佳的公司,在同期进公司的人里边,他是'希望之星'……总之他一直在说这些!我觉得表现出厌烦的话恐怕不太好,所以只得'嗯嗯'地应着,可是真想早点走人啊!"一口气说完的优子把玻璃杯里剩下的啤酒一干而尽,她一定是对那位男士厌烦透顶了。对优子的话深表同情的纱织说:"可是,这样的男人很多吧。"

的确如此。为了让女士看到自己好的一面,表现出满身傲气的男性为数不少。可是,他们真是错得很离谱。

许多男士都会做的错事

男士在想与女士处好关系时,犯得最多的错误就是,力图展现完美的自己。结果,这在女性眼里却成了很大的形象瑕疵。为什么这么说呢?

我想几乎所有女性都是想被男人穷追不舍的,男人正是因为意识到这一点,才试图凭借自己有能耐来吸引女性,但是这里有个陷阱:为了吸引别人而把自己推销出去,这是处于乙方立场的人做的事情，这纯粹是在献媚。许多女性希望男人能当好主导角色，所以厌烦献媚的男人。

另外，有时傲气还是在虚张声势。面对着虚张声势的男人，别人会感觉这个男人没自信，所以他也就没什么魅力值了。

女性傲气的情况也是同样的。傲气的女性就仿佛是在宣称"我是个没有魅力的女人，所以才如此卖力地表现我自己"。

如何讨人喜欢

我认识的人中，有一位虽不是美男但却很讨人喜欢的男士。他叫佑二，他既不觉得自己讨人喜欢，也没有为了讨人喜欢而诸般算计。佑二讨人喜欢的秘密隐藏在几件小事情里。佑二说："今天做了汉堡，大家一起来吃吧！"女性回答说："真了不起！佑二会做饭？"佑二回答："嗯，会呀。不过有点糊了……"

为了招待友人，佑二做了拿手的汉堡。会做饭的男人讨人喜欢，可要是太擅长的话，女性就没有出场的机会了。而他说的"不过有点糊了……"坦诚地让别人看到他的失败（弱点），让女性觉得"原来我不是完美也没关系"，于是对他抱有安心感、亲近感。

谁都有一些缺点，越是不试图掩盖的人，周围的人越觉得跟他相处起来能放松。比如，佑二在跟女性出去喝酒时，要是被女性友人称赞"酒量真大，一点都没醉啊"，他会坦诚地回答："醉了啊！只是没上脸。"要是他说"我喝这点酒是不会醉的"就显得强势。所以像佑二这样的人，会让女性有好感。

与不想让别人看到弱点的人相处起来很心累，与不刻意隐藏弱点的人相处起来才让人放松。佑二坦诚地让人看到他的缺点，所以他虽非美男，也讨得女性欢心。

越是有缺点的人，越被人爱

不仅仅是男女关系，在所有的人际关系中，越是虚荣心强的人，相处起来越是让人心累，因而总是被周围的人"敬而远之"。这是由于，完美的人不讨喜，周围的人如果看到了你"完美"的假象，就会在心中对你筑起壁垒，不会让你看到真心，也不会对你讲真话。

请记住，别隐藏"自己也是个有弱点和缺点的人，自己并非完人"这一事实。

人容易对拥有共同情结的人抱有亲近感

这里是医院的一间病房，五名男女坐在排成圆圈的椅子上对话。

裕美女士：我很在意别人的眼光，越是这么想，说话时越是紧张得心怦怦直跳。

裕子女士：是吗？看不出来啊！

裕美女士：虽然总被这么说，可是实际上真的是手发凉，还出汗呢！

义雄先生：我也是这样子，见到人就紧张得不得了。想被人认为是个好人，于是即使想说不喜欢也说不出口，日积月累……结果后来就讨厌自己。

这是某天一个自助组的对话。所谓自助组，是有同样烦恼的人聚在一起诉说烦恼、互相支持的小组，有戒酒会、戒赌会等许多自助组。在这样的互助会中，即使会员的年龄、性别不同，即使大家才刚认识，他们大多也能处好关系。其原因在于：大家在对话时都不隐藏弱点和缺点。我们容易对有着同样缺点的人有亲近感，与这样的人相处时，我们都能感觉放松。

因此，如果坦诚地说出你的弱点，别人不觉得比你差，所以就能够放松。擅长闲聊的人都是自嘲的高手，原因就在于此。因此，若是在交谈中坦诚地说出："我是在乡下长大的，所以在大都市中时常无所适从。""我中学时代被欺负过。""我对工作感到很不安。"许多人都会对你有亲切感的。

但是，要是指望通过让人看到你的弱小而博得别人的同情，并因此让别人允许你做什么，就会讨人嫌。不要为了操纵别人而让别人看到你的弱小，你越不急于表现自己，就越容易成为"让人放松的人"。

> 关键点 4
>
> 人们不喜欢被指责，学会谅解会更受欢迎

资深咨询师卡娜

这是我在美国当咨询师时的事情了。在心理界，新咨询师要接受资深咨询师的督导。我的指导者名叫卡娜，是位个子高高的，四十多岁的白人女性，我向她汇报我进行的咨询，接受她的督导。在得到来访者许可后，我向卡娜转告来访者说了些什么，我又是怎样回答的，然后卡娜指出我的问题，教我怎样说会更好。

在卡娜指出我的问题之前，常常会先说："你的报告很优秀！说是我指导你，其实就像是玩'石头剪刀布'时，

我后出手罢了。我听到你的报告,可以建议哪里可以说得更好些,可是这都是事后诸葛亮。即使是我在现场,也不一定能有更好的回答。"在资深咨询师卡娜看来,我这个新人咨询师肯定有许多不成熟的地方,但经她这么一说,我的自尊心保住了。卡娜对我从没有过让我感到自己无能,或者让我感到"人格被否定"的评价,因此我可以接受她的指导,而不会无谓地紧张。

越是像卡娜这样对别人的错误宽容相待的人,相处起来越能让人放松。

在指出别人的错误之前,先把这些当作自己的弱点来说

我在研究生院指导那些志在成为临床心理师的学生们时,貌似不少学生觉得我的指导很严,因此我觉得必须注意不让学生们气馁。在某一天授课时,研究生熊田在得到来访者许可后发表了咨询内容。在他发表的咨询会话中,我发现熊田忽视了重要的信息,以至于那成了一次失败的咨询,可是他自己还没意识到这一点。我留意着尽量别在

同班同学面前损伤熊田的自尊心,语调神情如常地说:"我以前也见过同样的来访者,那时我也像熊田这么回答的,直到被我的老师指出后,我才知道那个回答是有问题的。熊田的这个咨询嘛,犯了与我当时同样的错误。我当时比熊田有经验多了,可即便如此也还是犯了同样的错。"

我先说了自己的失败经历,之后再指出他的咨询方法的问题,我想我已经把对熊田的伤害限制到最低程度了,而他也认真地听取了我的意见。在需要指出别人的错误时,要是先说出自己有过同样的错误,听者会更容易听进去。这是因为,再有能力的资深人士,从前也都是不成熟的新人。

人际关系专家戴尔·卡耐基曾这样说:"在跟人打交道时,不能把对方想象成理性的动物,而必须时刻记着对方是情感动物,并且满是偏见,基于自尊心和虚荣心而行动。"

更何况人是基于感情采取行动的生物,所以试图通过说理来指出对方的弱点,未必奏效。我们需要充分重视别人的自尊心。

教授会议上的无谓冲突

　　一般来说,大学教授可能被认为是贤德睿智又理性儒雅的高知。但是,有些大学的教授会议未必一定是理性且具有建设性的。有天,在教授会议上,不善交流的角石与剑先起了冲突。

角石教授:我们大学的学生人数在下降。照这样下去,来年举行大学联合会时会挨批评的,他们会要求我们增加学生人数。因此,来年应该降低合格标准,让学力稍差的考生也合格。

剑先教授:何必跟大学联合会说学生人数减少的事儿呢?再说,即使被大学联合会抱怨也没什么实质上的损害,犯不着太在意这个呀。

角石教授:你是说要无视大学联合会吗?太过分啦!

剑先教授:让学力低下的考生合格对大学而言无异于自杀。你可不能这么做啊!

角石教授:无视大学联合会那才真是自杀呢!你到底在说些什么呀!

在这所大学的教授会议上,时常有这样的无谓之争。怎样才能促成更有建设性的讨论呢?

如果承认自己的弱点的话

如果剑先教授坦诚地承认自己的弱点,会怎样?

角石教授:我们大学的学生人数在下降。照这样下去,来年举行大学联合会时会挨批评的,他们会要求我们增加学生人数的。因此,来年应该降低合格标准,让学力稍差的考生也合格。

剑先教授:即使被大学联合会抱怨也没什么实质上的损害,我可能不如角石教授那么了解大学联合会。要是被抱怨了会有什么问题呢?

角石教授:大学联合会是多所大学互相检查共同提高的组织。虽说被抱怨也不会有实质上的损害,但也不能因为没有实质损害就无视。为了向社会展现大学的诚意,我认为应该自行改善可能被抱怨的方面。

剑先教授：原来如此。大学对社会的诚意很重要啊。我之前没有认识到这一点。

角石教授：是啊。

剑先教授：可是，要是让学力低下的考生合格的话，我们大学的水平将逐渐下降，我担心因此而被考生不齿。

角石教授：大学联合会的相互视察是个迫在眉睫的问题，所以我认为来年无论如何也得增加合格人数。但是，正如剑先教授所言，尽可能不降低考生的质量也很重要，所以我想通过修正宣传预算和宣传战略来网罗更多高质量考生，大家认为如何？

像这样坦诚地承认自己的弱点才有可能促成更具建设性的对话。这是因为，一般来说，人们不会攻击坦诚地承认自己弱点的人。

接受自己的失败

演说家、艺术家秋山峰男先生曾笑称："我简直就是个白痴，哈哈！"他心平气和得让人觉得舒服。

其实，秋山先生人气爆棚，来自日本全国各地的作品邀约不断。他除了作品邀约之外，演讲、个人咨询的邀约也很多，虽然没做宣传，但是口口相传带来源源不断的邀约。人们追捧他的作品和生活方式，而他让人们如此追捧的理由之一是，他不会刻意"让自己看起来很好"或者"主张自己的正确性或优越性"等，因而不会让人觉得他高人一等或者盛气凌人。他说："我画画、教人艺术只是为了回馈大家对我的厚爱。"

因为秋山先生如此"接地气"，所以跟他相处起来能让人放松。人通常不情愿承认自己的错误，但是像秋山先生这样，谦虚而不讨厌自己的人，是强大的，不会轻易"折断"。不仅如此，这样的人，他们的人生之路会比较顺利。

关键点 5

人们不喜欢被误解,学会理解会更受欢迎

我的失败谈

"我是个什么工作都做不好的失败者……我能力低下,虽然比别人都努力,可是新部门的工作完全记不住,不擅交流,别人都不知道我到底想说些什么。我做的事对社会也没什么贡献,却还每天加班累成狗,可即使这样也没有什么回报……"某个晚上,我认识的小川先生给我发了这样的邮件。我读了后很生气,心里想:"即然如此,为什么不事先征求建议啊?小川你原本就自我否定感强,为此我已经给过你很多建议,比如你需要学习交流技巧之类,你却当耳边风,转过头又来求我,这让我还能怎样!"

可是，仅仅一分钟后，我的想法变了："等等，小川他真是在向我求助吗？没准并不是求助，可能只是因为难受吧。或许，是我自以为是地以为我有义务帮助小川放松情绪，可是却做不到，所以才感觉无能为力。可能我是因为这个才生气的。"

因此，我向他本人回信询问。果然，不出所料，他的回答是："没想到会让古宫感到难受和无能为力！真对不住啊。实际上，在我的人生中，比工作不顺更难受、更悲伤的悲剧性事件还有很多，所以对于我来说，那封邮件写的只不过是些稀松平常的内容。多谢你告诉我，要不我都还没意识到。"

小川并没有期待我帮助他减轻心理压力，我却以为那封邮件是在向我求助，我自以为是地曲解了小川的意图，所以生气了。

下面，谈谈像我这样，自以为被人寄予厚望而苦不堪言的例子。

想象别人的期待而苦不堪言的例子

木崎先生是个社会福利人士（日本帮助残障者的人，编者注），他向我咨询他负责的一位母亲的事情。那位母亲有个儿子是小学生，他智力发育迟缓，因此学校似乎想把那孩子编入特助班，但是这位母亲怒了："这是差别待遇！绝不允许！"于是那孩子依旧在普通班就读。

听木崎这么说，我明白了他为何烦恼。他在不安："要是我不能说服这位母亲把孩子编入特助班的话，学校的老师们会认为'亏木崎还是社会福利人士呢，真无能'"。因此，我向木崎提议，与小学老师见面并推心置腹地交谈。果然，在木崎与老师们交谈后，结果出人意料。

学校的老师们并没有对木崎说服母亲这一重大责任寄予厚望，他们认为把那孩子编入特助班是他们自己的责任，关于未能说服孩子母亲，老师们也认为是由于他们自己的原因造成的。以此次交谈为契机，木崎和老师们不再各自单独努力，而是协力帮助这对母子前行。木崎心里也轻松多了。

由于误会别人的意图而成为让人心累的人

像刚才提到的我自己以及木崎那样,自以为是、先入为主地考虑问题的人,对于周围的人来说就是让人心累的人。我收到小川的吐槽邮件时,真想回复说:"不听我的建议,出事了就来找我求助,这叫我怎么说你呀!"可是,要是我真这么做了,小川肯定会认为我是个难相处的人。而木崎则认为:"这当妈的真是,学校老师们都是为了她孩子好才想把孩子编入特助班的,她却毫无理由地拒绝!真是个怪妈妈!"这样的愤怒会不经意地传达给对方,所以这位母亲跟木崎相处起来就会觉得心累。

不仅如此,要是这样的状况长时间持续,木崎可能会对学校老师们生气:"让我说服这样的怪物父母!给我出这样的难题,这群人可当真是难缠!"那么,在老师们看来,木崎才真是莫名其妙、一碰就爆炸、还责难老师们的"难缠的人"。

要是像我或者木崎这样曲解了他人对自己的期待,人际关系就会蒙尘。下面,谈谈误以为别人对自己心存恶意的例子。

以为是人身攻击的人

这是发生在一家制药公司研究室的事。"真不敢相信，你竟然背叛了我们！"大谷主任对新来的助手若松雷霆震怒。起因是，关于怎样使用研究资金，助手若松在会议上的发言与大谷主任的想法相悖。实际上，研究室的大多数人都是反对大谷主任的，但是明说出来的只有助手若松。大谷主任发怒是因为"这家伙竟然反抗我"。

但果真如此吗？若松只是在资金的用途上与大谷主任意见相左，并非背叛大谷主任本人，也并非反抗。大谷主任把若松助手反对研究资金的用途这一事实恶意解读为"这家伙反抗我"。像这样恶意解读他人意图的人会突然发火或者情绪转差，所以周围的人"必须注意说话方式"，总是胆战心惊地。

你会恶意曲解他人的意图吗？

有人反对你的意见，并不是在否定你这个人，只不过是就某事而言与你意见相左而已。再说，即使有人批判、怀疑你，也并不是他在充分理解你这个人后判断出你"不值得信任"，很可能只是他具有过度的攻击性或者疑心太重，或者发生了误解。**因此，请努力正确地理解别人的意图**，尤其是在对某人生气时一定要注意这一点。之所以会生气，我认为是曲解了对方的意图，或者太在意对方的想法："那人对我看法不好，我不能再忍了。"

关键点 6

人们认为自己是对的，认可他人会更受欢迎

与美女大学生的短暂友情

大学时代，我曾有个美丽出众的女性友人，叫江梨子。但是，与她为友只是短暂的一瞬，这个悲伤的情由是这样的……

江梨子身材修长，气质超卓，面白如雪，明眸皓齿，长发飘飘。她逛街时被星探发现了，于是一边上学一边兼职当模特，但是她不喜欢这份兼职。那天，我和江梨子等四人一起吃饭。那是一家高级的时尚饭店，店内深色的厚木家具，灯光调得略暗。

江梨子黯然地说："拍端着咖啡杯微笑的照片，可是杯子里是空的！这工作超没意思，超级无聊。"听到这，我不假思索就开口了："工作就是这样啊，就别抱怨啦。"那时，我听到她说的话，以为是"抱怨"，我以为，假装杯子里有咖啡而拍照，因为是工作，所以必须忍耐。但是，我清楚地发现，就因为这个，江梨子不再想跟我多说什么了，因此，她像在摄影现场那样摆出姿势一直微笑。

我后来回想，江梨子并不是对空咖啡杯不满，她可能是因为别人只关注她的外在美而感到寂寞，希望别人多关注她的内在美。另外，江梨子可能是觉得人生中没有让她觉得有意义的事物，所以希望别人理解她的空虚感和焦虑。再进一步说，她可能是找不到想做的事情，希望别人理解她的不安。照这么说，空咖啡杯是对人生的空虚感的象征，可是我没有设身处地理解她的感受，而是按照我的价值观来批判她说的话。

美丽的江梨子不再对我说真话了，我们作为朋友的交往从此断了。多么令人遗憾的青春回忆……

我们总会成为自己批判的那种人

以个人成长为目标的学生们在老师的指导下聚集,组成了磨砺自我的启发小组,由佳是热心成员之一。她对脱离小组的人大加批判,"曾决心做老师的弟子,用一生磨砺自己的人,却中途放弃!"该小组中有人参加其他老师的启发小组,她也会批判他们,"到处参加讲座、学习会,到底想干什么?要真有这闲工夫还不如深入学习我们老师的教程呢。"

但是几年后,由佳因不信任该小组的副组长退组了。另外,在她退组之前,也已经开始学其他老师的教程。由于她对退组的人持批判态度,所以对于自己退组这件事,她不由自主地对自身也有批判性的看法,作茧自缚,弄得自己很苦闷。

其实,我们也可能在某一天变成自己所批判的样子。对别人贴"善恶""对错"标签、马上判断出"好""坏"的人,我们会对他关闭心扉,因为跟这样的人相处起来很累。

从具有不同价值观的人身上学习

我们总是倾向于对做出不符合我们自己价值观的人有批判的情绪。但是，**那些人之所以做出与我们的价值观相反的言行和考量，是因为他们看到了我们没看到的，知道我们不知道的。**批判与自己的价值观不同的言行、信念，不会让我们有所进益，还会令我们失去拓展自身见闻、从不同角度看待事物的机会。

反之，如果能够从与我们价值观不同的人身上学习，提高从不同角度进行观察的见识和灵活性，那就再好不过了。但这并不是承认那人的言行、价值观是"好"的，而是为了将存在与自己不同的见解这一事实作为自身成长的食粮，从中获取我们自身所需要的营养。

如果做不到从不同价值观的人身上学习、成长，至少也请铭记：别人就是别人，不要把精力放在试图让他人具有跟你一样的价值观上，那是枉然。

关键点 7

人们不喜欢负能量,开朗乐观会更受欢迎

与"不幸的人"相处起来让人心累

新人村上与同事喝了一杯,说:"整天净是讨厌的人和事。"善于倾听的佐藤听到村上的抱怨,问:"是吗?出什么事啦?"村上回答:"比如说,文件装订得不好,被上司训了。说我装订得这么杂乱无章,好不容易准备的资料都被形象毁了!被训得像条狗。"佐藤又问:"那文件是你制作的?"村上叹口气,撇撇嘴:"是呀。"佐藤笑了:"既然如此,那不是被夸奖了吗?我觉得,只要你再把装订做好,就很出色了呀。"尽管同事们都点头同意佐藤的意见,村上还是满脸的不认可。

与"不幸的人"相处起来让人心累。所谓"不幸的人",就是习惯关注不好的方面的人,他们内心总是郁郁不快,因此周围的空气似乎都凝固了,感觉非常差。相反,与幸福的人相处会怎样?幸福的人会向人敞开心扉,不会隐藏自己的缺点,他们奉行从容淡定的生活方式,所以周围的人也能放松地和他们相处。因此,为了成为让人放松的人,提高自己的幸福感是很重要的。

幸福感是有恒定性的

根据心理学的研究,大部分人的幸福感是有恒定性的。研究人员对许多人进行跟踪调查发现,当下幸福地生活着的人,去年、前年也都是幸福着的。而且,幸福的人在明年、后年、甚至十年后,依然会幸福着。同样,当下"不幸"的人,去年也在"不幸"着,也许十年后依旧会"不幸"着。

那么,人不可能变得比当下更幸福吗?并非如此。关于能提高幸福感的方法,我将在稍后告诉你们。我们先说说通过心理学研究发现的幸福感。

幸福感不因能力而改变

幸福感经年累月恒定的原因还在于,其几乎不因能力而改变。即,如果发生中奖、结婚、入职好公司等所谓"好事",当下幸福感会提升,但是稍后,幸福感会逐渐恢复为本人原先的基准。

同样,如果遭遇裁员、离婚、损失大笔金钱等所谓"坏事",当下幸福感会下降,但是经过一定时间后,又会上升到本人原先的基准。例如,即使"不幸"的人"为了幸福"而结婚,过阵子还是会恢复到与结婚前相同的"不幸"状态,除非自身改变……

"要是白马王子来迎接我,我就会幸福;王子消失了,我就会不幸。"像这样的想法是不现实的幻想。因此,对"好事"抱有过度的期待,以及过度地恐惧可怕的"坏事",都是不现实的。

幸福感的效用

生活幸福有益健康。首先，它能够提高免疫力，让人不容易生病，抑制癌症发病的概率。另外，大家都知道，幸福还有助于永葆年轻，毕竟精神抖擞的人外表都显得年轻些。心态放松的人也可以沉稳地生活，不容易累。

相反，悲伤、愤怒、仇恨等情感会伤害身体，导致免疫力下降，让人容易生病，例如感冒等，而且还老化得早，容易疲劳。研究显示，消极情绪对癌症发病的影响很大。

这些不过是幸福感和不幸感带来的诸多影响中很少的一部分，只是看到这些，人们也会"希望幸福地生活"。可为什么有些人的情绪总是倾向于消极呢？

人类有关注不幸的倾向

对于生物来说，生存是第一要务。因此，当我们遭遇危险时，危险的记忆会在心中留下强烈的印象，以避免同样的事再次发生。所谓"危险"，当然包括被猛兽袭击、从高处掉下等肉体上的危险，还包含被父母拒绝、被人讨厌、不被接受等人际关系中的危险。这是由于，人类在幼小时跟在父母身边生活，成年后也是在团体中生活，所以进化出为了生存回避危险、获得食物等本能。

正因为深刻地记住了这样的危险体验，所以才会极力避开危险，使得生存的概率增加。如果今天被十个人赞扬，只被一个人批判，那么人们会深刻地记住被批判的事，因而陷入其中或者生气。与此相对，人们即使因为看到路边的花朵而心情大好，也很容易忘掉这事儿，因为记住了也对生存无益。

即，我们常常记着不幸，如果不注意努力养成关注幸福事物的习惯，就会很容易忘记幸福。所以才会觉得偶然一想"这世上尽是苦涩"。我们的这一倾向是"延长寿命"的最佳方式，但是有悖于"幸福地生活"。因为这一倾向更关注问题，放大了恐惧。

为此，我将向你介绍一个提升幸福感的秘诀。

有意识地注意有正能量、开心的事情

为了提升幸福感，有意识地关注有正能量、开心的事情是很重要的，而且越努力关注正能量的事情，越容易成为习惯，这样，每天的喜悦都会增加。可能有人会反驳我："你不是说过关注不幸是人类的基本倾向，改变不了吗？"反驳得好。我这么说是因为，人类的基本倾向并非不可能改变。例如，成熟的水果是甜的，涩味表示还没熟，苦味表示有毒。因此幼儿喜欢甜的，如果是涩味或者苦味的就会吐出来。这是生物的本能。

然而，在日常生活中，我们的味觉被训练后，会觉得涩味和苦味也是好的，因此世界上很多人喜欢啤酒、咖啡、梅干。这样，味觉这个对于生物来说最基本的本能也通过训练而被改变了。

因此，请有意识地关注幸福的事物，有意识地回想令你感到幸福的事物。如果养成了这个习惯，人生中幸福会增多，而这将提升幸福的基准。

关注才会看得到

某个学生告诉我去大学附近某个场所的路线,以下是我们之间的对话。

学生:车站前有KTV,在那儿右转……
我:啊?KTV?有吗?
学生:啊,老师,你不知道那家KTV啊?就在到车站的路边上啊!
我:真有吗……

第二天一早,我在上班途中留意地看,眼前忽地一下子出现一座KTV高楼,而对KTV不感兴趣的我,在那之前完全没看见过它。我为什么一直不知道有这座楼呢?这并非是因为学生年纪轻、注意力集中,我年岁大、脑力衰退才熟视无睹。

在我任职的大学对面有家石料店,经营墓石和建筑石料。在学校授课时,我在讲台上拿着麦克风问学生:"换个话题,附近有没有石料店?有谁知道吗?"学生们面面相觑，一副"不知道"的样子。我又问："是家经营墓石和建筑石料的商店，有谁知道吗？"三百名学生中只有一两人举手。他们告诉我说"在学校对面有"，其他学生则是一脸茫然，"是吗！没有吧……"虽说石料店就在学校对面，可是由于他们对墓石、建筑石料不感兴趣，所以一直熟视无睹。

只有关注才能发现美好的事物

那天，我在公园慢跑时看到一棵树，它美得让人的心为之一颤，于是赶紧拍了照。那儿是普通的慢跑道，我每天都从那儿经过，可是以前从没注意到那棵树。那天之所以能够注意到它，是因为我想在脸书（Facebook）上发图片，但又觉得"没有什么是美的"，故而正在寻找。其实，其他美好的事物也是一样，只要寻找，就会发现。

用"致谢便签"养成寻找幸福的习惯

幸福也一样，只要寻找就会发现。为了养成寻找幸福的习惯，我一直保持着写"致谢便签"的习惯。早晨在电车里，我会简要地写下在自己身上发生的，能够致谢的事由，诸如："今天也能精神饱满地起床了。""今天还有班上。多谢！""××帮过我。""××真不错。"我把"致谢便签"当成每日功课后，觉得幸福感和运气都变好了，而且只在脑海中想还不够，要通过文字记录下来才能记得清楚。

心理学研究者要求被试者在六周内的每个晚上写下当天能够致谢的三项事物，实验结束后被试者的幸福感都提升了。只写三个就有这般效果！晚上上床后，我也会想着并说出致谢后才入睡，"爸爸妈妈，感谢你们把我养育得这么好。""感谢我的身体今天没什么问题。"……

让我们有意识地寻找幸福，这样你将会变得更加幸福。而对于周围的人来说，你成了让人放松的人。

我为了改善心境每天做的事情

许多人相信"遇到好事就幸福，遇上坏事就不幸"。这样的人相信——幸福或不幸都取决于他遇到的人或事。有这样观念的人，就是认为自己的人生取决于别人或者偶然因素，无法创造自己的人生。但是，**快乐、幸福、欣喜**等感情是可以靠自己创造出来的。因此，想要幸福的话，首先要把自己的心境调整到愉快的状态。

我除了在电车里写"致谢便签"之外，早上起床后还感谢上苍又赐给我新的一天，并且，我会到阳台上全神贯注地吸取朝阳的能量。在走到车站的途中，我在心中喊"多谢"，让自己身心愉悦。

越是把自己调整到愉快的心境，你生活中越会出现愉快的人、幸运的事。越是对周围的一切心存感激，你想感谢的就越多。而且，你越是这样生活，在周围的人看来，你越让人放松。因此，请从关注你身边的幸福开始，逐步改善你自己的心境。

关键点 8

人们不喜欢奇怪的人,大方做人会更受欢迎

"你真是个没存在感的家伙!"

那晚,作为棒球部一员的我在练习结束后满头大汗地在棒球部教室一角换衣服。教室里实在是太脏了,脏制服掉落在地板上,大家都在那里窸窸窣窣地换衣服。就在这时,棒球打得好但话痨的赤木突然问:"咦,古宫在哪?"

我朝他看过去,我们的视线正好相遇,他说:"啊,你在啊!!!你真是个没存在感的家伙!"更可恶的是,大伙听到后都哈哈大笑。我觉得他很没礼貌,可我什么都没说,只是沉默不语。

现在回想，那时的我对人强烈不信任，自己都没意识到，我的确在试图避免让人注意到，试图消除自己的存在感。因为我害怕一旦受人关注就会讨人嫌，被人当成傻子，受人攻击……同理，像以往的我那样试图消除自己存在感的人容易被周围的人无视。

"一旦受人关注就可能讨人嫌"的想法

你也是这样想吗？我们害怕受人关注，不擅长在人前说话，讨厌在团体中说出自己的意见。然而，正是由于这种"尽量别引人注意"的想法，使我们成了让人心累的人！

试图消除自己存在感的人，不管自己是否记得，以前肯定有过因受人关注而被拒绝或者被攻击的可怕经历。例如，童年时期，你的言行落在父母眼里而被斥责，或者看到兄弟姐妹做了类似的事情而被斥责，于是在内心中决定"我可别再做这样的蠢事！"

为什么会成为"让人心累的人"

那么，为什么想着"尽量别引人注目、尽力消除存在感"

的人相处起来让别人很心累呢？原因在于，这样的人基本上相信别人会拒绝他、攻击他，因而会胆怯，他的胆怯会制造紧张的氛围，并传达给对方，这样，对方跟他相处就会感觉到极度心累。这归根结底是因为他不信任人。

以上全都是无意识发生的，并非经过人们有意识的思考。你肯定不会清楚明白地意识到："这个人是不值得信任的坏人，尽量别引他注目"。周围的人也绝不是带着恶意想："这个人对我很不信任才这么紧张的。也好，我犯得着信任这样的人吗！"你对他人的胆怯，和他人对你的胆怯做出的反应筑造出了心中的壁垒，这些都是我们无意识表现出的心理行为。

你是送给别人的礼物

实际上，对于周围的人来说，你是上天送给他们的礼物。若非如此，你就不会降临人世，也不会和周围的人结缘。因此，希望你不要想着尽力去消除自己的存在感，不要拒绝把你这个礼物送给别人。

可能你以前学会了"不可引人注目，否则会被否定或者攻击"。那时这可能是个正确的判断，但是现在，与你相处的已经不再是以前那群人，你自己也已经不是以前的你了。你是上天赠送给别人的礼物，所以堂堂正正就好。这样一来，对于周围的人来说，你就成了让人放松的人。

攻击你的人，实际上并不是讨厌你！

说"堂堂正正就好"，说要消除对他人的胆怯，你可能会觉得做不到。若是如此，希望你尝试以下方法，即相信"我值得被周围的人深爱"。

可能你会想："你在说些什么呀！真是傻里傻气的！这太难做到了。"但事实上，首先对自己说自己值得被深爱、并对此深信不疑，那你在和他人相处时，紧张感真的会减少。

你可能会想："有些人真的讨厌我，而且净做些恶心事，你要说他也是深爱我的，这怎么可能嘛！"他那么讨厌你，说明对于他来说，你的存在意义非凡。在与你交流时，他回想起以前受到的心理伤害，才会责怪你、否定你，或者故意无视你。但是这样的人并不是真的讨厌你，他只不过是回想起过去内心中遗留下来的心理创伤，又没有针对这痛苦的灵丹妙药，所以才取而代之地攻击或者排挤你。他这么做并不是你的问题，而是他的问题。

例如，在童年时期，因为父母说"你要是不优秀的话，我就不爱你了"而受伤的人，要是觉得你比他优秀，他就会感到痛楚；或者，要是他觉得你在哪个方面不优秀，可能就会轻视你，不由自主地攻击你。但是，这么做的人其实内心中攻击的是他自己本身的不优秀，"这样的我简直弱爆了！"他嫌弃的是他自己，只是将这种嫌弃感投射到了你身上，他并不是在充分理解了你这个人后嫌弃你的。对于嫌弃你、攻击你的人来说，你是个影响力相当大的人，要是他能消融掉他自己内心的痛楚，那他心中的爱意将坦诚地投向你。可是，至少现在，他还没有勇气这么做。正因如此，他心中的爱才会被痛楚和愤懑淹没。有朝一日，他可能会直面并消融自己内心的痛楚，也可能会与之终生相伴。但是，这是他的问题，并不是你的问题，所以你完全不必用别人的问题来为难自己。

在和他人见面前,为什么不对自己说"我值得被他深爱"并深信如此呢?效果出乎意料的好呢!当我们觉得自己值得被人深爱时,就真的会被人温柔相待。

Part Ⅱ 实践篇一
沟通还得有技巧

方法1

记住别人的名字

卫生间的神明

十八岁那年春天,我成了一名复读生,在预备学校深感不安。除了再次开始应付考试的不安之外,新的班级里尽是些我不熟的人。

有天,在洗手间里,前尾跟我搭话:"古宫,下堂课是田中老师的英语课吧?"我回答说:"嗯,是的。"虽说是毫无意义的对话,可是时至今日,我依然记得如此短暂的一瞬,这一定是因为先开口的前尾准确无误地叫出了我的名字。在弥漫着不安的心境中,忽然叫出我名字的前尾"宛若神明"。这看起来是微不足道的小事,但是对于被叫到名字的人而言意义深远。

歌手小田和正有首歌叫《夏日》:"你叫出我名字的那个夏日……我就开始爱上了你。"你可以想象到这歌词里弥漫的感觉吧。

前尾是个温顺而沉默寡言的学生,但是却讨全班人喜欢。他肯定也这样称呼别人的名字搭过话吧。

只要倾注善意的关心,你就会成为让人放松的人。要是认为"他不会是嫌弃我吧",你就会紧张、心累,但若是知道他对你是善意的,你就会变得放松。**因此,为了成为让人放松的人,重要的不是想着怎样才能讨人喜欢,而是你得先喜欢上对方,即使不能一下子喜欢上对方,也请尽力致以善意的关心。**你越对别人表示善意的关心,就越能成为让人放松的人,来自他人善意的关心也会自然而然地集中到你身上。因此,称呼对方的名字这一方法能够轻而易举、并且有效地将"对你有好感"这一信息传递给对方。

我在大学授课期间，如果学生人数在100以内，我就会在学期的第一堂课时带去名牌纸和马克笔，指示学生们"写下你希望被叫的名字，制作你独一无二的名牌"，并且要求他们在每周上课的过程中别在胸前进行小组活动。使用名牌的效果非常好，学生们彼此称呼对方的名字，于是严肃的课堂气氛立刻缓和下来，他们变得能够积极地对话。我还听学生们说，班上的学生有的成了朋友，有的成了恋人。

记住名字的方法

对于每个人来说，世界上最悦耳的词汇就是自己的名字，因此与人首次见面时我们都会努力记住对方的名字。然而，"记不住名字"的人为数不少，可能你也是其中之一，但只要努力练习的话，总会逐渐变得善于记住别人名字的。比如，在别人告诉你名字后，马上在心中反复默念对方的名字，在会话中称呼对方的名字。如果在会话之初称呼对方的名字，对方自然而然就会对你产生好感。此外，在与人会面时，用像"××，您好"这样带着对方名字的方式打招呼比较好。

在无论如何都记不起对方名字时

有时忽然与某人见面,可是无论如何都想不起对方的名字,超级尴尬……怎样才好?我向许多人发出了问卷,调查"被人叫错名字和询问'对不起,我记不起您的名字了,麻烦您再告诉我一次好吗',哪一种好?"

结果,"坦诚地询问较好"占据了多数。因为,如果询问的话,至少将"我是真的想记住您名字"的诚意传递给了对方。如果你带着这份诚意待人接物的话,那你和那些同样把别人看得重要的人的缘分会加深的。

方法 2

学会表达感谢

带甜点来的田原

夜晚，都市里皓月当空，大家在大楼的一隅开会。包括我在内，大概 20 名临床心理师从各自的工作地点赶来参会，其中一名与会者名叫田原，她为每个与会者买来了甜点。每个忙完工作，空腹来参会的与会者在会议开始前，都开心地享用了田原买来的甜点。接着，长会一直开到夜晚九点半，终于结束了，与会者如释重负，"终于结束了……"，可是却似乎都忘了会前田原为大家带了甜点这件事。

我对正准备回去的田原说："田原，多谢你的美味甜点。"

低着头的田原猛抬起头，露出笑脸。我是作为新成员参加那个会的，跟她搭话还是头一次，周围的人听到我那么说，也纷纷跟她说："是啊，田原，多谢你啊。"我记得她当时被叫名字致谢后好开心的。之后，田原和我相谈甚欢。

每个人都希望被人感谢

每个人都希望被人感谢，被感谢是如此重要。以至如果没人感谢我们，我们就不可能幸福地生活下去。因此，如果你常对人表示感谢的话，就会成为很讨人喜欢的人。所以，请向人传达感谢，即使是小事，也请传达。这是对人倾注善意的关心，向对方传达"你对我而言是如此重要，我希望与你进一步交好"的信息的第二个方法（第一个方法是称呼对方的名字）。

传达感谢的练习

你可能知道需要传达感谢，可是实际去做时，实在是做不到……尤其当你面对的是家人或者交情好的朋友，他们是你最想致谢的重要的人，可是你却最难对他们致谢。既然这样，从能够做到的人开始如何？

最好的练习场所是店铺。在便利店和饭店的收银员那里，几乎所有人都面无表情，只进行最小限度的交谈。

（通常的会话）

店员（机械地）：欢迎光临。

顾客一言不发地把物品放到店台上。都不看店员的脸一眼……

店员：432日元。

顾客一言不发地从钱包中拿出500日元硬币，放到收银台上……

店员（机械地）：收您500日元……找您68日元。

顾客一言不发地收下零钱，拿上物品离去……

店员（机械地）：感谢您光临。

你下次去店里时，请像下边的例子那样，试着看着店员的眼睛微笑说"多谢"。收银员肯定也会用更愉快的笑脸来回应你。

（我提议的会话）

店员（机械地）：欢迎光临。

你（看着店员的脸，用清晰的声音说）：请给我这个。

店员：432日元。

你（清晰地说出，以与店员交谈）：这是500日元。

店员：收您500日元……找您68日元。

你（笑容可掬，直视店员的眼睛）：多谢。

店员（有点开心的样子）：感谢您的光临！

这样实践得越多，你越习惯于表达感谢，不仅如此，你会意外地受益于此。此外，与当面表达感谢相比，发邮件更容易表达感谢，另外还有给对方写"致谢小便签"的方法，用这样的方式练习致谢，习惯后，请尝试着用语言来向对方直接表达感谢。这样，越多向别人表达感谢，别人越能够对你敞开心扉，你也就成了让人放松的人。

因此，向你周围的人致谢吧，哪怕是小事。越多给予别人感谢，让别人有幸福的感觉，别人也会向你回馈越多感谢，让你有越多幸福的感觉。

方法3
学会赞美他人

不听话的惠美

妙子今天早晨又对三岁的女儿惠美生气了："别抢哥哥的！"起因是惠美抢两个哥哥的食物，还把勺子扔到地板上了，于是兄妹争吵，搞得妙子焦头烂额。不仅如此，要是妙子斥责惠美对哥哥无礼，她就会哇哇大哭……这样的场景在妙子家几乎每天都在上演。

孩子不能遵循父母教导的理由有很多。例如，如果父母关系差，父母焦躁不安，那么孩子就会有各种各样的身心问题，不仅如此，孩子还可能会变得易怒、叛逆，或者变得过于温顺，并且可能出现发热、腹痛、厌学等情况。此外，很多孩子的哮喘、早晨赖床等问题也是由于与父母的关系不好导致的。

此外，还存在其他原因。

孩子会始终不渝地寻求父母的关心

孩子听话时父母毫不在意，他们只关注孩子不听话的时候，妙子就是这样。惠美很多时候做得蛮好的——乖乖地吃饭；有客人来时安静地玩耍；外出购物时跟在父母后面一起走。然而，那些时刻，妙子并没有关注到惠美。

孩子强烈地需要父母的关注。对于孩子来说，最难受的事情是被父母无视。如果父母不正面地关注孩子，与孩子一起快乐地玩耍、夸奖孩子，那么孩子甚至会希望通过被父母斥责来获得负面关注。因此，如果父母更关注孩子不听话的情形，孩子就会倾向于越来越不听话。这是由于他们太渴望得到父母的爱了。

几乎不会被人夸奖的教师们

不论别人为自己做了什么正确的事,有人都认为是理所当然的,因此啥也不说。或者,即使被要求说点什么,也不过是一句"多谢"。可是如果别人做错了,他却会冲上来劈头盖脸一通责骂。这在成人世界里很常见。

有一次,初中、高中的校长请我给老师们上研修课。在开会前进行沟通的过程中,我觉得,大多数问题是老师们被批判得太多、感到疲累而产生的。因此,作为研修的一部分,我开展了下述活动:将老师们分成小组,彼此发现每个人的优点,互相交流并对此表示认可。结果,效果非常好,研修室里都是笑脸,现场气氛立即提升。参加的老师们说:"我们的工作当然应该做好,可是几乎都没被夸过呢。"我想,老师们一直得不到夸奖的话,他们表扬孩子们的动力肯定也是不足的。

请尝试把批判和斥责改成感谢和表扬

给周围的人写感谢和表扬的话语而非批判和斥责,这样的你就是大家寻求的沙漠绿洲，你成了让人放松的人。越指责别人，状况越恶化。与受到批判和指责相比，大家在被感谢和表扬时更精神振奋而有干劲。这对于大人孩子而言，都是一样的。

某位男士的体验

某位男士告诉了我如下体验："以前我还是学生时做兼职，总被小组长斥责，都没被表扬过。每当他发怒时，我就想，为什么我如此认真地工作还总是被人斥责？因而我感到不满，对工作的热情也淡了。我真不喜欢那个前辈，不想在他手下工作。"

几乎在所有人际关系中，若是有一方被指责、被非难，事态就会恶化，因为我们大家都希望别人看到我们的优点，希望别人认可我们的长处。然而，谁都不愿意去努力发现别人的优点，即使发现了，也几乎不会跟对方说。那么，从今天开始，努力发现别人的优点并加以表扬吧！

表扬什么呢

说到表扬，小事即可。例如，对于对时尚感兴趣的人，你可以积极找出他们服饰搭配方面的优点并称赞。要是对方的发型稍微改变了，你可以说"新发型跟你很配啊"或者"您新剪的刘海很不错"。

这里有个赞美外表时的秘诀：表扬人而非物。比起赞美衣服、头发等，表扬这个人本人效果会更好。表扬物时会说："哦，您戴的饰品极美。"而表扬人可以这么说："××，您挑饰品的眼光真好啊！"

弱例：这件浅紫色外套颜色真漂亮！
强例：木村女士，您穿这件浅紫色外套越发漂亮了！
弱例：您戴了好多美丽的饰品啊！
强例：田口小姐，您挑饰品的眼光真好啊！

告诉你另一个秘诀吧。被赞美气质好的话，不论男女都会欣喜的，比如："竹田先生，您气质真好啊！""三井女士的装扮好高雅！"

除服装和随身饰品之外，只要去努力寻找，每个人都还有很多值得称赞的地方。请找出他们的优点，然后传达给对方，例如，"森，只要有你在，周围都好明快的，好开心有你在。""中尾，你的桌子总收拾得井井有条，怪不得你工作效率这么高。""看着好美味的便当！大西，你的料理水平真高。"甚至只是简单的一句："川田，你的笑容好甜。"

要是当面难以说出口的话，也可以像前面"学会表达感谢"中告诉你的那样，通过发邮件或者写便签来传达你的赞美。

请注意如下要点

希望你在赞美的过程中注意如下要点。第一，别说客套话。客套话太假，因而显得说话者轻薄不堪。别说谎，发现对方的优点，带着诚意表达出来就好啦，即使是"你的手机链好可爱"也行。但是，请一定要说真话。第二，不要在意你说了好话后，对方是否会给你好处，你是觉得对方好才说对方好话。若非如此，就做不到坦诚地夸人了。

要是带着"我这么说的话，他会喜欢上我吗？"这样的不安去传达溢美之词的话，可能会强加于人，或者很像是在说谎。因此，请找出对方的优点，用话语把这优点传达给对方即可。对方是否会对你示好无关紧要，你只要直爽地把自己的心意传达给对方就好。

重要的不是别人怎么想，而是你会变得比以前更喜欢你自己。你越接近你喜欢的自己，就越会成为让人放松的人。不仅如此，你越善于发现别人的优点，就会越善于发现自身的优点。

此外，不要出于让对方为你做某事的意图来赞美对方。例如，父母为了让孩子学习，有时会说"你考试分数挺高的"或者"嗯，你学习一直都很用功"，孩子是能看穿父母的心思的，所以，这样的赞美不会让孩子真的开心。重要的是，注意到对方的优点后，坦诚地告诉对方。

你待会儿跟谁见面？实践一下上面提到的方法吧！

方法 4

学会缓解压力

战斗或逃跑模式

你是否曾与狮子或熊狭路相逢过?这种"不太可能"的事情,在 700 万年前是"日常"小事。人类每天都会有生命危险,在如此恐怖的日常生活中,人类具备了立即应对危险的能力,在以人为食的狮子或者其他部落攻来时,身体立即判断为"事态紧急!"并立即开启"战斗或逃跑模式"的开关。

若开启该开关,我们的身体会发生异变:心脏怦怦地剧烈跳动,血液加剧向肌肉流动,肌肉活动达到最大限度,使得我们能够作战。不仅如此，呼吸也会变浅且迅速，以使得我们在短时间内吸入大量氧气，能够进行剧烈的运动。接着，睡意顿失、肠胃停工、性欲下降。而且，毛细血管收缩以抑制皮肤表面的血流，这样即使受伤也不会出血过多。在经过长年累月的生存和进化后，我们的身体一察觉到危险，就会立即自动产生上述变化。

即使是心理上的危险，身体也会进入"战斗或逃跑模式"

但是，我们现代人日常感受到的危险并不是肉体上的。若非动物园饲养员，我们并不能体会到被狮子袭击的危险；现代社会更不会有被相邻的部落攻入的事情。我们经常遭遇的危险，几乎都是心理上的，例如被朋友嫌弃、被上司斥责、工作上出错、考试名落孙山……然而，即使是应付心理上的危险，或者是现实中不会发生的纯粹只是想象的危险，我们的身体也会进入"战斗或逃跑模式"，而如果感受到"情况紧急"，就会呼吸变浅、身体紧张、消化器官停工、睡意顿失。

我们现代人感受到的心理压力之一就是对"要是别人对我印象不好的话，该怎么办？""别人会对我有好感吗？"等感到不安。此时我们会身体紧张、呼吸变浅，这种紧张感会传递给周围的人。人们与这样的人相处时会感到心累不堪。我们在与戒备心重的人相处时，会感受到这样的紧张，于是总会无意识地感到不快，并试图避免与之相处。因此人们一般不会接近戒备心重的人，即使接近，也不会有愉悦的氛围。

慢慢深呼吸、放松

有些人在与人相处时，即使想着"放松"，也会无谓地紧张。此时，首先长舒一口气，然后放松地吸气，接着再长舒一口气。这样慢慢深呼吸的话，心中的紧张自会消散。而且，我们在与放松地深呼吸的人相处时，会没有理由地感到放松且舒服。

因此，请留意你的呼吸。吸入的气息进入腹部以下了吗？深深地吐出来了吗？呼吸的节奏缓慢吗？现在，请你缓慢地、不疾不徐地深呼吸，并且在日常生活中时常留出进行深呼吸的时间，尝试着有意识地缓慢地深深吐气、缓慢地深深吸气，这么做真的非常重要。此外，将温热的毛巾敷在锁骨上或者双眼上也是很好的，能够在一定的时间内使身体逐渐变得放松。另外，学习瑜伽、太极拳、冥想也很不错。当你持续这么做时，你会逐渐变得放松。

方法 5

学会使用肢体语言

肢体语言无意识地传达给对方

估计很多人都在电视上看到过,百兽之王狮子在非洲大地上宛若国王一般昂首阔步。它强壮有力的行动不仅一点儿都不恐怖,还很从容。与之相反,黑斑羚这种食草动物时而在广阔的大地上急速移动,时而面朝下不停地大嚼特嚼。这般身姿与百兽之王截然相反,它们似乎总是在惧怕什么。

人也是一样,动作畏畏缩缩的人,看起来似乎在周围感受到了危险,向周围的人也传达了怯懦的信息。因此,与这样的人相处,人们总是不能感到安心。相反,像狮子那样从容、不疾不徐地行动的人,才能带给人安心感。

我们从他人的姿势、动作、双手动作等肢体语言中会获得与他人有关的许多信息,例如,"这人性格开朗,又好相处。""这人不自信,对别人没兴趣。""这人似乎从容淡定。"然而自己也不明白为什么会这么判断。即,肢体语言几乎全都是无意识的,这也正是其恐怖之处。不过,如果说肢体语言不好,那你的损失就太大了。我先给你讲个例子。

在会议上被集中攻击的小谷教授

资深的老松教授有次问我:"小谷教授怎么会在教授会议上被大家攻击呢?"他之所以这么问,是因为只要小谷教授在会议上发言,就被其他教授一致批判的事情已经连续发生好几次了。教授们集体朝小谷教授开火:"小谷教授啊,您真是一点都没弄明白啊!""小谷教授您在说些什么啊!说出这样的话来,那还怎么推进改革啊!"可是,为什么小谷教授会遭受到这样的攻击?那时我还回答不了老松教授的问题,但是现在能够说明原因何在了。

哈腰耸肩发言的小谷教授

我观察了小谷教授发言时的情形,注意到他发言时会哈腰耸肩,有时还双肘收拢放在桌上,上体前倾。不仅如此,小谷教授在发言时忽而往下看,忽而朝前看,忽而左顾右盼,总之是视线不定,坐着时双手和胳膊小幅摇摆不定。

这简直就是黑斑羚的动作!小谷教授通过肢体语言传达给他人的信息就是"我是个受不住攻击的弱小者"。有些攻击型的教授与小谷教授对立,当他们看到小谷教授这样,就情不自禁地想要攻击他。但是进行攻击的教授们,可能他们自己也没有意识到他们是被小谷教授的肢体语言诱发而进行攻击的。

回想起来,我以前也是个受人欺负的孩子。我想,那时的我也必定是有畏畏缩缩、视线飘忽不定、哈腰弓背、软弱可欺的肢体语言,于是诱发了那些人的攻击。

我在会议中的肢体语言

由于我大多担任会长,为了不被攻击、不被人当傻瓜,我一直十分留意自己在会议上的肢体语言,所以在会议上受攻击的情况几乎没出现过。那么,什么样的肢体语言才会带给人安心感呢?现在让我告诉你吧。

肢体语言1:走路时

首先把背挺直,然后有意识地放下双肩,直到脖子感到被往下扯。脖子是个敏感的部位,所以如果我们感到危险,会无意识地把肩膀抬高,以保护脖子。所以如果放下双肩让别人看到你的脖子,就能够传递出"我很从容"这一信息。但是,此时,请注意不要含着胸放下双肩,你也不必刻意昂首挺胸,不然腰部会不舒服。自然地挺胸、放下双肩即可。另外,走路时抬头向前走,别匆匆忙忙奔跑。

以下是男女的不同点。男性请大步向前,这能显示出能耐。真心希望男性进行下述体验:首先像黑斑羚那样稍微抬肩、含胸前倾、脸朝下地小碎步匆忙步行,走过行人众多的繁华街道等。这样很容易跟行人撞上,因此不得不避让行人。然后，再用我刚才教你的使用身体的方法，堂堂正正地大步直行通过同样的人群。结果怎样？别人都会避让你！可见，从容不迫的男士肢体语言是多么重要。男性请一定实际体验下。在日本，女性要是大踏步、旁若无人地步行的话，会被认为欠缺女子力。要是想彰显自己的女子力的话，当然还是小步走好点。

肢体语言 2：坐着及站立时

坐在椅子上时别弯腰，请保持坐直，另外请直视前方，而且像步行时那样放下双肩。请注意别像照镜子似的上体前倾。

以下部分男女有别。男性可以把身体扩展到整个椅子的范围，但女性要是这么做的话会给对方自大的印象，让人敬而远之。

另外，请男性有意识地占据较大的空间。这是因为，在社会中，地位越高，占据的空间越大。两脚分开，桌子上的两臂打开，这样能给人从容不迫的印象。女性不占据大空间的话，看起来则会更协调些。因此，在希望被别人当女性看时，当然是将两脚并拢，桌子上的两臂也收窄些较好。

在站立时，男女均不应弯腰。挺直背，如同从头顶到脚心画了一条线一般。这样，能够给人留下沉稳冷静的印象。而不是卑躬屈膝的印象。

开放的肢体语言和封闭的肢体语言

肢体语言会传达我们是否希望与对方交好。开放的肢体语言能够传达"希望交好"的善意关心，比如以下动作：身体完全面对对方，面对面，让别人看到手心。

反之是封闭的肢体语言，它传达"我对你没兴趣"这一信息，如下动作即是如此：两肩没有正对着对方，而是稍微向左或者向右斜向；或者背对别人，似乎马上会远离对方；不让对方看到手心而只让对方看到手背甚至藏起手来。

为了成为让人放松的人，开放的肢体语言和笑脸很重要，可是有的人是在自己尚未意识到时已采用了封闭的肢体语言。从今以后，在与别人会话时，请有意识地使用开放的肢体语言。

但是，在对方希望与你保持距离时，要是你采用开放的肢体语言，则对方的感受会没有理由地变差。因此，若对方的肢体语言不是开放的，你也以封闭的肢体语言回馈即可。例如，靠到椅子靠背上，或者在站着谈话时前后脚分开站着，时不时做出远离对方的样子，把重心移到后面那只脚上，或者不要正对着对方谈话而是逐渐改变肩膀的角度，变得不再对对方打开，等等。

在与人谈话时，身体不用力、保持放松是很重要的。请用心地一边深呼吸，一边挺直后背从容不迫地行动。并且，请使用开放的肢体语言，以使对方没有戒备心。可是，要注意不可不合时宜地过度使用开放的肢体语言，对方会感到被入侵了。在这样的情况下，请交替使用开放的与封闭的两种肢体语言。

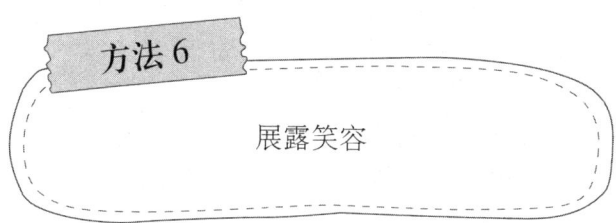

方法 6

展露笑容

属下总是犯错,岩山部长头痛不已

岩山部长作为某领域的专业技师进了现在的公司。他的技能很高,公司对他出色的工作能力和认真的工作态度评价很好,他出师后,公司安排他担任现在的部长职务。可是,他以前的工作是跟机械打交道,并不需要多少人际交往能力,而现在却要承担如此责任重大的职务。

另外,在岩山部长面前,还立着老大的壁障。之所以这么说,是因为岩山部长现在立于人前,人才管理的责任增加了,开始需要他"人际关系"的能力,而这正是他的弱点。属下接连犯错，没有报告重要事项，诸如此类错误频繁出现。要是照这么下去的话，岩山部长作为上司的资质也会遭到质疑的。

岩山部长以为这些都是能力低下的属下犯的错。其实，属下犯错实际上多是岩山部长自身的问题，是岩山部长导致属下们与他保持了距离。为何？最大的原因是：岩山部长面无笑容，表情恐怖。原本属下在与上司相处时就不会感到放松，因为在上下级关系中，与上司相比，下属对权力差别的感受更强烈。而且，岩山部长在此之上又加了一码：僵硬且恐怖的表情。这给部门的运营带来了障碍。要是他对属下笑容相待，上下关系必定会变好，事先就能避免许多问题。

留下好的第一印象的秘诀是什么？

沙纪是个二十多岁的白领，大美人一个，风姿绰约，优雅时尚，看起来本应该讨人喜欢。意外的是，她并不讨人喜欢，原因在于她给人的第一印象太差，总是冷若冰霜，没有笑容。我总是在说第一印象很重要，沙纪她自己也是知道这一点的，所以她总是妆容精致，头发打理得一丝不苟，打扮得时髦。然而，她的冷若冰霜让别人几乎不敢靠近她。可见，比起化妆、发型、服饰，留下好的第一印象的秘诀是笑容啊。

好说话的人的共同点

一个研究生实证了这一点。这个研究生将初次见面的一群人集中到一间屋子里，指示说："从你们之中选出看起来最好说话的人，以及最不好说话的人。然后，在纸上写下你们为什么这么认为。"于是，被选为好说话的人被判断为"笑容满面，似乎对我感兴趣""表情可爱，似乎会接受我的意见"，等等。反之，不好说话的人被认为是"四目相对时面无笑容，似乎对我缺乏善意""面无表情，似乎会在背后说人坏话"等等。

面无笑容的人会在自己都不知道时就被以为心怀恶意。如果表情僵硬，或者神情黯淡，周围的人不自觉地就会对你存有戒备心和不信任感。鉴于此，我在演讲时会刻意做出笑的表情才开讲。这样的话，我能明显感到全场的氛围要和气一些。

有笑容的人更幸运

加州大学伯克利分校是世界知名学府，他们的心理学团队对某个女子大学的141名毕业生进行了跟踪调查，分别在她们27岁、43岁、52岁时做三次调查，让她们报告健康状况、家庭关系、工作等方方面面。此外，还拿到她们的毕业相册，确认她们在毕业相册中是否有笑容。

调查结果耐人寻味。与在大学毕业相册里面无表情的女性相比，带着笑容拍照的女性结婚率更高，婚后夫妻关系的满意度更高。而且在27岁、43岁、52岁这些时间点上，她们对人生的满足感、人际关系、压力应对、健康状况都更好，在日常生活中也更少感受到负面情绪。即大学生时代笑容多的人在随后的几十年中也会更加幸运。仅这一点就足以成为要时常面带笑容的理由了，不是吗？

做出笑容表情的秘籍

笑容多、表情和缓的人，相处起来能让人放松。反之，如果跟面无表情、神情黯淡的人相处，会导致自己的情绪都变得僵硬。因此笑容真的很重要。

你可能会认为："笑容哪是说有就有的，闹不好就成了假笑，或者卑怯的笑容。笑不出来能怎么办……"其实笑容是可以刻意做出的。在这里传授你两个秘诀。

第一个是，在与人会面前，把嘴角向左右两边咧开。然后，继续咧开三成，做出笑的表情。即使自己想做出很好的表情，但是也可能还是不够好，因此才要求你增加三分笑容。

第二个秘诀是，两眼带笑地刻意做出笑的表情。在进入有人的屋子时，两眼带笑地刻意做出表情再进入。在进入办公室、会议室、咖啡厅，以及聚会等人员集中的场所时，亦是如此。

和他人的交流，在面对面会话前已经开始了。要是你面容僵硬神情黯淡，别人一看到你，就会感到"这人不好相处"。于是，在对话前，就已经认为"和你相处起来不得不小心翼翼，真是心累"。因此，请在与人对话前两眼带笑。要是面带笑容，表情温柔，你就会自带欢快的气场。只要有这气场，别人无须小心翼翼，对话时才能放松。

笑容增加三成、在与人会面前两眼带笑，将这两项培养成习惯是很重要的，因此平时请努力练习实践。

欣喜的笑容和卑怯的笑容

此外，笑容大致分为两类。其一是我们在这里说的欣喜的笑容，它带给人放松的印象。可是，还有的笑容不会带给人放松的印象，即卑怯的笑容，传达"我很弱的，请你别攻击我"这一信息的笑容。这是怎样的笑容呢？下颌突出，低下头，怯生生地笑，或者即使下巴不突出，表情卑微的笑容也属于卑怯的笑容。卑怯的笑容给人低微、谄媚的印象，所以有这样的笑容的人，相处起来让人心累。

请尝试对着镜子,缓慢地深呼吸,身体放松,展现笑容。请不要低头,男性女性都挺直脊梁堂堂正正地露出笑容——那是欣喜的笑容,会带给人安心感。

方法 7

温柔沉稳地说话

与言语相比,说话的方式更重要

女性不论何时何地都想确认恋人的爱情,你是不是也这么认为呢?比如,刚有了恋人的美香今天又问他:"你喜欢我吗?"于是,他貌似恶作剧地回答:"讨厌。"

虽然得到的答案与美香想要的截然相反,美香还是不甚欣喜。原因何在?原因在于,虽然他说的是"讨厌",但是他温柔地抱着美香,在耳畔貌似恶作剧一般地呢喃轻语。即使他说了"讨厌",但是通过他温柔的声音和语调,他的爱意已经切切实实传达给了美香。

可是，有一天，这么幸福的两个人吵架了。美香想再次确认他对她的爱，于是像以前一样问他："你喜欢我吗？"他这次回答了："嗯，喜欢啊！"但是，美香很伤心。因为，"喜欢啊"这三个字很像是被艰难地吐出来的，而且，他把房间的门"嘭"地猛力一关，出去了，留下美香一个人哭泣到崩溃。

在这两个例子中，美香在听到"讨厌"时感受到爱意，相反却在听到"喜欢啊"时感受到悲伤和拒绝，这并不奇怪。原因在于，与恋人表面上的言语相比，浸润着爱意的声音和说话方式更能准确地传达他真正的心意。

"梅拉宾法则"之正解

会话中，在向对方传达情感时，说话的内容（言语信息）、音调和语气（听觉信息）、肢体语言（视觉信息）分别有多重要？美国心理学者阿尔伯特·梅拉宾对此进行了专门的研究。让我们来谈谈他的发现。

我们在与人交谈时，有时会不自觉地判断："对方在跟我交谈时开心吗，还是觉得无聊不想谈下去？"那么，我们根据什么来判断对方的情感呢？根据梅拉宾的实验结果，作为判断的依据，对方所说的内容只占到7%。与之相比，对方的音调和语气占38%，表情等视觉信息占55%。这一研究结果作为"梅拉宾法则"广为人知。

在本章的方法5和6中说过了肢体语言和笑容很重要，而这正是梅拉宾发现的"视觉信息占55%"的一部分；另一个重要因素是声音的感觉。

"这帮家伙态度太差了！"

我任教的大学里规定，不得在指定的吸烟区以外的场所抽烟。可是，有时还是会在禁烟区看到有学生在抽烟。看到这样的学生时，我以前是这么说的："喂，这儿可不能抽烟。请去吸烟区！"于是，他们脸朝下嘴一撇，"切"的一声，不服气地熄灭烟头。有时在我走过之后，他们又拿出烟来点上火。看到这般情形，我更加生气，觉得"这帮家伙态度太差了"！

可是，有一次，我忽然想到："莫非态度差的是我？"于是，我决定改变处理方式。我用温柔的声音跟他们搭话："在抽烟呢，到这边的吸烟区来抽吧。"于是，学生们坦诚地回答说："啊，对不起啊。"立即熄灭烟头，移动到吸烟区。通过该处理方式，现在学生们迅速予以响应的概率是 100%。

这样的应对方式，让我不论在精神健康方面还是身体健康方面都实际感受到益处。因为，面对沉稳地说话的人，人们不会带有抵触情绪。

在与下属谈话时尤其注意

在与人交谈时，尽可能不要僵硬，不要威压，努力沉稳地交谈。这一点在与下属或职务比自己低的人交谈时尤其重要。原因在于，在权力和社会阶层中，当我们处于地位低的那一方时，我们对地位高的那一方特别敏感，容易感到权力之差、权威之差。

当我们是上级时，即使觉得双方的关系近乎平等，或者就是平等的,处于下级立场的对方也会感受到极大的上下级差异。因此,在我们处于上级的立场时,不威压、温柔地说话很重要。

要是别人认为你是个僵化、难缠的人,那么请你努力使用跟小孩、宠物交谈的音质。虽说如此,并不是说连用语也改成跟小孩、宠物说话时那样,说到底不过是改改音质和声音感觉。这样,对方不会太感到威压,你也比较容易感到放松。此外,要是用温柔的声音交谈,自己的心态也会变得温柔沉稳。

以沉稳的心态生活,对于寿命和健康而言很重要。我们已经知道,如果性子急躁,则容易焦虑不安,竞争意识强的人容易引发心脏、血管的异常。可是,有些人偏就相信"我性格就这样了,改不了了"。其实,我妈妈在变化之前也是这么想的。

易怒的妈妈变得沉稳的理由

我妈妈以前很易怒,总是焦虑不安,因为一点点小事就勃然大怒。但是后来，她出现了胸闷气短的不良症状，时不时就突然呼吸困难。到医院就诊，检查的结果是未发现身体方面的异常，医生跟妈妈说："是心理上的毛病。有没有突然烦躁不已、焦虑不安？为身体着想，请注意保持心态沉稳。"

易怒的妈妈感受到性子急躁可能导致丢命，从此以后，她努力心态平稳地生活。于是，你猜怎么着？之前能够喋喋不休说上近一个小时的情形，现在再出现时，妈妈也不再发怒了。看到这变化，一开始我还在想，她是不是在拼命压抑怒气。但是，妈妈并不是在压抑怒气或者尽力隐忍，她的脾气"一点就炸"、焦虑不安的情况真的少了。只要看看妈妈的表情，就一目了然了。由于妈妈变得沉稳了，家里也平静多了，或许是她觉得没必要发怒了。

如果焦虑不安时还用难听的声音交谈，对方胆战心惊不说，这对你自己的健康也没好处。要是感到焦虑不安，首先请快速深呼吸，然后缓慢深呼吸，这样对你的身心健康都有好处，周围的人跟你相处也会变得放松。

方法 8

构建双赢关系

洋子老师不愿再和惠梨奈一起去吃饭的原因

在高中时，惠梨奈很崇拜美丽又聪明的洋子老师。洋子老师是英语会话课的老师，她美丽、热心、擅长教学，是学生们心目中温柔知心的大姐姐。惠梨奈高中毕业后也还偶尔与洋子老师见面吃饭、愉快地交谈，还一起去过KTV。

但是最近，即使惠梨奈发邮件说："洋子老师，我们下次一起出去玩吧！"洋子老师的回信也都很敷衍。惠梨奈不知道为什么会这样。

洋子老师是有野心的女性，现在也是如此，她想不断提升自己的工作和生活，实际上她的人生舞台确实也在稳步地抬升。除了在英语会话课堂教学之外，她还在自己家开办了个人教学。不仅如此，为了进一步扩大个人教学的规模，她还在学习最新的教学方法，参加教授揽客方法的培训班；她还想出书，于是参加了与出版相关的培训班。

因此洋子老师很忙，而且，她为了学习而参加了那么多的培训班、研修班，所以经济方面也就不那么宽裕。面对这样的情况，洋子老师再与惠梨奈见面吃饭是得不偿失的。之所以这么说，是因为，在惠梨奈高中毕业那会，洋子老师被学生所仰慕，而惠梨奈又是如此令人愉悦的女性，所以一块吃饭、去KTV都是快乐的。但是，随着洋子老师的人生上了一个新台阶，仅仅因为相处愉快就和惠梨奈见面，因此而花费时间和金钱不会再让洋子老师感到有所收获了。

下面讨论"价值观"。切换下话题，不过会马上回来，所以请耐心往下看。

人的价值观各异

我们每个人都有自己的价值观。这里说的价值观指的是："于自己而言，什么是重要的"。这样的重要事项，简直就跟指纹一样因人而异。

以某夫妇为例。老公的重要事项前三是"第一：工作；第二：高尔夫；第三：参加酒会，吃吃喝喝"。与之相对，老婆的重要事项是"第一：孩子；第二：美容和打扮；第三：电视剧"。

我们都对自己的价值观死心塌地。老公的重要事项之首是工作，并非家庭，所以与家庭相比，他以工作为重。他在家中摆放的东西，目之所及都是文件和正装等工作用品。此外，由于高尔夫对他而言排序也高，所以他经常会去高尔夫用品店。如果他去书店，就会走向商业书籍区或放着高尔夫相关杂志的书架。

与之相对，老婆以孩子为重。因此，她把老公的工资花费在孩子的吃饭和学习上，还热心地储蓄，但是最重要的是孩子的教育资金。她为家中添置的物件，目之所及都是孩子的衣服和玩具；去书店的话，她会去育儿和儿童健康等相关书籍区。老婆的第二重要事项是美容和打扮，所以在商场里也会时不时去化妆品区、美容器具卖场。此外，她还对老龄化对策很有研究。

如上所述，那些在我们自己看来真正价值高的事物，即使没有人督促，我们也会自发地、精神抖擞地投入其中，对此情有独钟，而且会常常想着它。此外，我们会为自己重视的事物优先使用时间和金钱。

与此相对，对于重视程度低的事物，我们总是会往后拖，犹犹豫豫、拖拖拉拉，甚至时常是若非他人强制，都不会主动着手去做。而且即便去做，也没有热情，能力也不会有所提升。不仅如此，对这类事物，我们总是缺少足够的时间和金钱。

若不能满足彼此的价值观，关系则不能维持

以开头的惠梨奈和洋子老师的关系为例，对于惠梨奈

来说，与她喜欢的洋子老师一起唱歌或者吃饭，度过快乐的时光，这是她喜欢的，也是对她来说高价值的事项。

对于洋子老师来说，被自己教过的学生仰慕，开开心心地一起吃饭，在 KTV 一起度过开心的时间，曾经是价值高的事项，所以她们曾经一起开心过。

可是，对于最近的洋子老师来说，与一起玩乐相比，高价值的事项变成了提高英语教学水平。因此，对于她来说，与惠梨奈见面吃饭会妨碍她提升工作水平。既然如此，洋子老师当然不想再跟惠梨奈见面了。

那么，要是惠梨奈想见洋子老师的话，该怎么办？厚着脸皮邀请"老师，一起去玩吧"？这并不明智，而且没准会讨人嫌。那么，明智的方法是什么呢？例如，惠梨奈可以给予洋子老师价值高的回馈，比如当洋子老师新式英语会话课程的"小白鼠"，或者帮助洋子老师招募在家教学的学生。

变成能够为对方提供高价值事物的人，正是被周围人喜欢的方法之一。

恋爱关系与价值观

在人际关系中，"若不能满足彼此的价值观，则关系会崩"这一原则，对于恋爱也是适用的。例如，如果与恋人约会对于双方而言都是高价值的，那么双方都会喜欢与对方约会，他们的关系就会良性发展。

可是，要是其中女方以结婚生子为高价值，而对于男方而言重要的是攒钱和与多个女性玩乐，那么恋爱就很难进展下去。这是因为女方想早点结婚生子，可是男方认为结婚太花钱而且不能再跟别的女人在一起玩了，所以想保持独身。在该情况下，女方不满男方对结婚的态度始终不明朗，男方则认为用结婚和未来给他压力的女方是个"沉重的负累"。

在人际关系中，要是不能满足对方所重视的事，则对方找不出跟你在一起有什么意义。如果即便这样也不得不耗在一起，那对于对方来说，你就是个让他心累的人。

互惠双赢的关系很重要

在人际关系中，满足于双方价值观的关系被称为双赢关系。"赢"的意思就是胜利，所谓双赢，意思是双方都能从人际关系中得到益处。就人际关系而言，不论是在职场中、在家庭里或者在恋人和朋友的关系中，如果不是双方都能得到自己想要的东西，即"双赢"状态，则这样的人际关系是不可持续的。

在商业和自我启发领域特别有名的畅销书作家、咨询顾问鸟居佑一先生为了得到他现在的实力、地位和名声，在过去二十年间花费一亿多日元学习海外课程。正因为付出了这般努力，他在商业上才大获成功，具备了如今的实力、知识和经验。

据鸟居先生讲，在演讲后的答谢宴会上，有些参加者这么说："鸟居先生，请告诉我怎样才能让我的书好卖？"鸟居先生回答说："现在都上酒了，还是请就座吧。随后会分发面谈的申请表,所以请优先进行预约。"结果对方回答说:"不不,别这样,边喝茶边聊就行了。"说出这样的话的人,想着"一边喝茶"就能得到鸟居先生花费巨款和精力,通过打磨才能得到的智慧和知识。和鸟居先生的面谈预约通常需要等三周,而且顾客都是乘飞机或者新干线远道而来,有些还是从海外专程而来的。在这样的情况下,怎么可能会优先考虑那些想着"一边喝茶"就能获得鸟居先生智慧和知识的人呢。

而且,咨询顾问为了进行负责的面谈,必须全面地利用自己所具备的经验、知识、智慧、时间以及能量,所以咨询顾问做面谈是非常累的。因此,如果想要鸟居先生将他宝贵的知识通过"双赢关系"传授,必须支付与之相当的费用,或者提供给鸟居先生所寻求的有价值的知识,或者进行对等的互换交流。

此外,为了构建"双赢关系",需要提供于对方而言有价值的事物。即使你从对方那得到了好处,要是对方从你这里得不到对等的好处,那么在对方看来,你就是个让人心累的人。

想要与某个领域中卓越的人交往，你自己也需要具备对等的实力。所以，你越成长，越能与自己相配的人结识，毕竟你总能为对方提供什么吧。那么，请提供对方喜欢的东西，此时，你会成为比"让人放松的人"更高一等的、被人期望"想要与之相处"的人。

方法 9

留出独处的时间

不停抱怨的人

性子沉静的晴美与在稳定公司里上班的男性相亲,期望能够过上经济宽裕的生活。可能的话,她畅想在婚后的休息日里,两人能够一起去旅行,或者各自读自己喜欢的书……晴美的美梦膨胀得厉害。可是,来相亲的人与晴美的理想型相差不止十万八千里。

的确,他身上穿戴的都是高级的正装和领带。可是,他就座后不到几分钟就叫住了服务员:"料理还没好呀?""饮料怎么还没上?""桌子脏了。"一边大呼小叫,一边一句接一句地抱怨个不停。晴美看到对方这个样子，感到"即使两人结婚，也不会幸福的"。

相处起来能让人放松的，不一定是经济宽裕的人，而是从容淡定的人。尤其是对于平时工作繁忙的人而言，放松下来，节奏缓慢地度过的时间非常重要。

我们需要与他人共度的时间，也需要独处的时间，只有双方都适度才能在两者中取得平衡。通过好好平衡这样的时间，才能打造出从容淡定的气场。例如，有人喜欢花时间单手拿着咖啡发呆，我觉得这样就非常好。我喜欢在满月的夜晚仰望月亮发呆，此外，看着海发呆也很美妙。最近，为普通人开禅会的寺院不断增加，我觉得参加这样的寺院活动也挺好的。

冥想的效果

我强烈建议在日常生活中引入冥想。许多研究证明冥想很见效。在一项脑科学研究中，那些进行了八周冥想练习的人，他们的不安等负面情绪减少，欢喜、安稳等正面情绪增加了。不仅如此，在测量他们的脑功能时发现，与欢喜、安稳等正面情感相关度高的左侧前脑叶区域的活动很活跃。

将44对夫妇分成两组，一组传授冥想并让他们在家中实践，实验发现，与没有进行冥想的那一组相比，有冥想的夫妇配偶之间更亲密，双方对夫妇关系的满足感也提高了。此外，被诊断为不安神经症的大学生实践冥想后发现，自己的不安和抑郁状况都减轻了，而且时隔三年效果仍在。在抑郁症反复发作的患者中，与不冥想的人相比，每天坚持冥想的人一年内抑郁症反复发作的概率减少了一半。癌症患者每天实践冥想后发现，不安和抑郁情绪、压力都有减少，生活质量提高了。而且，其他研究还发现，经常进行冥想的人对流感的抵抗力提高了。在日常生活中实践冥想的人，不论是心理健康还是身体健康，都有所改善。除了这里所述的这些之外，还有很多其他心理研究也证明了这一点。

任何人都能实践的冥想方法

有本书叫《与神对话》，这本书在全世界都非常畅销。书中记载，如果每天能够冥想的话，许多事情就会进展得更顺利，人生也会变得更美好。冥想有多种方法，一种较容易的冥想方法是：一边长而慢地吐气，一边在心中默念"一"；然后放松吸气，接着一边长而慢地吐气，一边默念"二"。如此反复，到十后再回到一，心无杂念，重新把注意力集中到呼吸和数字上。中途会涌起各种杂念，但是没关系，如果走神了，那什么也别管，重新把注意力集中到呼吸和数字上。此外，要是被杂念拖走了，有时可能会忘了数到哪儿了，你可以回到一重新计数。

在《与神对话》中，作者建议早晚各冥想十五分钟左右。所谓冥想，也不是让你做什么特别的事情，只是将注意力放到吸气、吐气上而已。此外，即使没有坐着不动，只要不东想西想，而是把注意力集中到某一点上，也可以算是冥想。例如一边走，一边什么都不想，把注意力集中到脸部的感觉上，这就是行走冥想。同样，还有把注意力集中到洗碗上的冥想，此外，集中到大扫除，集中到化妆上，也是冥想！

这样的个人时间，我认为是非常重要的。**因此，请通过冥想等方式，留出一个人悠闲放松的时间**，在这段时间里尽情放松。只有这样，才能打造从容淡定的气场，你才会成为让人放松的人。

方法 10

感谢伤害你的人

"让人放松的体质"的秘诀

我一直都在实践一个方法,这个方法可以使别人在跟我相处时心情放松,所以希望你试一试。该方法如下:

留出自己一个人安静独处的时间,记起某个人,带着真心实意的感谢,深深地低头说"××先生/女士,多谢您"。

请逐个记起对你而言重要的人,一边带着谢意一边低头。这种情况下,对于对方来说,与你相处会无缘无故地情绪变好,你跟他们的关系也会变好。此外,如果晚上睡觉前做的话，你的睡眠会更安稳。若能如此，接下来是高级篇。

"让人放松的体质"高级篇

高级篇是为了帮助你拥有更加"让人放松的体质"。能不能在想起伤害过你的人、讨厌过你的人后，仍然做同样的事情？当然，如果不想这么做，那也没必要勉强。不过你且听我说几句。

我们心中的痛楚非常不乐意我们宽恕伤害过自己的人，时常感到他们"不可饶恕"。之所以有这样的感受，是因为这样的感受本就情有可原，对此我们将在第4章详述。如前所述，你越是对重要的人真心地低头致谢，你越可能逐渐拥有"让人放松的体质"。然后，越成为这样的体质，越变得对以前觉得讨厌的人，也能真心实意地低头说"多谢"。这样，你的"让人放松的体质"就会变得更名副其实。

请在脑海中浮想认识的某个人，然后深深低头说"××

先生，多谢"，这对于改善你的人际关系、疗愈你的心理创伤很有效。

我的体验

曾几何时，我对职场里的某个人感到生气却毫无办法，因为我不得不与他共事。因此我亲自实践了这一秘诀。

我想象此人就在眼前，我一边低头一边致谢，反复说"万分感谢您"。于是，从第二天开始，让我生气的情况、以前有心结的问题，都自然而然地开始消融了。你可能不信："不会吧，这么简单就解决啦？"但我真心希望你能尝试着去践行。

于我而言，在践行该秘诀的过程中，比起认为对方是个"讨厌的家伙"，我越来越感到他也是历经各种苦难才拼命努力成长为现在的他。这样，我最终认为，生命里与他相见，并发生那么多事情对我的成长而言也是有意义的。因此，在人际关系出了问题时，或者即使没问题但是希望进一步改善人际关系时，如果你践行该秘诀，将非常有益。

受不了的感受

不论是谁,都会对某个人有过这样的感受:"我真是受不了××啦!"你受不了的那个人,可能曾深深伤害过你,或许曾侮辱过你,或许曾夺走或者损毁你的心爱之物,或许曾对你视若无睹。

实际上受损失最严重的,是你自己!你受不了这样的人是情有可原的。可是,请你再好好想想:就受不了某人这件事而言,受损失最严重的是谁?难道不是你自己吗?

在你受不了某人时,怒气从你身上发散开来。"忍无可忍"的想法、感受、气氛变成恐怖的表情,从你身上发散开来。这会让周围的人感到不快:你忍无可忍的怒气和产生的攻击性气氛,人们总会感受到的,于是,他们跟你相处就会感到心态变差。

而且,如果你总是从心底里容不下、憎恶某人,那么你感受喜悦的能力就会减弱,人生的喜悦就会减少。不仅如此，如果持续地憎恶某人的话，你会容易受伤、生病。关于这一点，我想用我们父母的例子来说明。我们的生命受之于父母，因此，如果怨恨、憎恶父母，不能感谢父母，我们的人生就会产生很多问题，包括恋爱、结婚、交友、工作方面的种种人际关系在内，几乎所有的人际关系都会出问题。

感谢是为了你自己，宽恕也是为了你自己

因此，宽恕别人不是为了对别人好，而是为了对你自己好。如前所述，请尝试着想象让你忍无可忍的人，低头说"多谢"。如有可能，请务必用几天全心践行。你必定会渐渐感到自己拥有了"让人放松的体质"。

可是，对伤害过你、讨厌你的人说"多谢"，这可能非常难做到，你可能会认为："为什么不得不感谢这样的家伙？"你说得对，我也完全理解你的感受。但是，你要明白，**我们生命中出现的人，都是为了帮助我们成长才出现的，是为了给我们成长的机会才出现的**。我们认为别人

看不起我们，责怪我们，攻击我们，对我们毫无感激之情。而这样的想法会变成我们痛苦的负担，最后返还给我们自己。于是，为了让我们意识到自己所处的现状，才会出现那些讨厌的人，他们警告我们谦虚点，帮助我们修正我们的想法和态度。

实际上，我们一直在心底残留着尚未疗愈的痛苦和怒气，他们可能来源于极其不可理喻的上司、讨厌的同事、特难缠的恋人……可是，正如上所述，"讨厌鬼""讨嫌鬼"是为了让我们意识到心中的痛楚才出现的。因为触到了痛处，才会感到讨厌、讨嫌。

此外，这些"讨厌鬼""讨嫌鬼"还是为了让你成为最美好的自己才出现的，或者有时是为了帮助你自立、让你与某人交好、让某人来支持你才出现的。

如果你这么想的话，对讨嫌的人、伤害过你的人，至少也会有那么一点点的感激之情吧。即便一点点感激之情都没有,也没有关系,只要想象对此人说出感谢之语,就会有效的。如有可能,请立即践行,试试看吧。

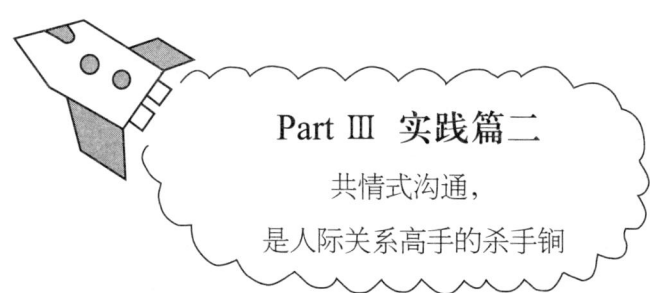

Part Ⅲ 实践篇二

共情式沟通，是人际关系高手的杀手锏

> 这样聊天，你一定会成为人际关系高手

咿咿呀呀，叽叽喳喳

杂志上介绍的咖啡屋、意大利料理店非常漂亮。如果跟友人一起去这样的店，必定会相谈甚欢的。我就特别喜欢漂亮的咖啡屋、意大利料理店，有时会去这样的店用餐。如你所知的，店里基本上都是女性，时常就我一个男性。而且，周围的女性们在我吃面包时叽叽喳喳，在我吃意大利面点时叽叽喳喳，在我吃甜点时叽叽喳喳，在我喝咖啡时也叽叽喳喳。

看到正在愉快交谈的人们，我的情绪也会变得轻松。

女性就是喜欢交谈啊。可是，实际上，喜欢说话的可不止女性。让我先给你讲个故事。我在日本刚开始做心理咨询时，我工作的心疗内科医院紧挨着大型娱乐场所，那里酒吧林立。晚上下班后，在我步行去地铁站的途中，时常看到下班归途中的工薪阶层单手拿着啤酒叽叽喳喳说个不停的样子。环顾一圈，都是身着正装的工薪阶层在交谈，再走十步就是隔壁的居酒屋，果然也是工薪阶层在畅饮交谈。的确，男人实际上也是话痨。

我们在懂自己的人面前总是话多得说不完。如果你能够充分地倾听，就会成为让人放松的人。下面，我将对此予以说明。

投射善意的关心方法

展示自我是人类具有的根本性的强烈动机，而展示自我的方法不止说话一种。我们通过绘画和音乐等艺术活动、写书或写文章、时尚或化妆等一切手段来展示自我。我们迫不及待地想要展示自我。另外，在数得清的几种自我展示方法中，说话是一种尤其轻松且有效的自我展示方法。

我们想说说自己的故事，希望别人能够倾听、理解。

我在第1章中告诉过你"如果你对人投射善意的关心，别人就会对你报以善意的关心"。所谓善意的关心，就是"我喜欢你，想与你交好"的信息。向对方投射善意的关心的绝佳方法之一就是倾听他所说的话，只要这样做就能与之交好，下面我再稍微详细介绍下。

在为找话题不安时

假设预定与某人一起吃饭，而两人彼此尚不熟悉。此时，你会有点紧张吧。如果你怕生的话，可能会非常不安："真有话题吗？""要是冷场了，气氛差的话可怎么办？"如果这样的不安累积的话，接着就会有如下不安："要是他认为跟我相处不快乐的话，怎么办？"或者"要是他不喜欢我的话，可怎么办才好？"

此时，与其关注自己是否讨人喜欢、对方对自己是否有好印象，不如把注意力集中到去关心对方上。即，比起能不能进行让对方高兴的交谈，不如主动倾听对方说话，了解对方的喜好和兴趣，然后带着好奇去倾听。

进行心理咨询的辅助方式

我的本职工作是心理咨询，来访者有各种各样的苦恼，希望我帮助他们消除苦恼。你认为我会给什么样的建议来帮助他们呢？我有心理学博士学位，根据我的专业知识和体验，究竟应该对来访者说什么样了不起的话来帮助他们呢？

我的回答可能会出乎你的意料：倾听。我作为咨询师的实力与以前相比提高了不止一个量级。然而，原因不在于我能够提供好建议的能力提高了，也不在于我具备的专业知识提升了，而在于我变得更能够设身处地地理解别人的感受和体验，更善于深度倾听。成为职业的咨询师，需要非常专业的学习和训练。然而，如果你善于倾听，能够让别人与你交谈后觉得心态变好，那么你作为咨询师的实力将显著提升。接下来我要向你传授倾听的秘诀。

对于倾听而言，最重要的是态度

对于倾听而言，最重要的是有如下的态度：尽可能设身处地地理解交谈者的想法和感受。这种态度是在向交谈者表示诚意，也是在向交谈者提供非常重要的温情，它是倾听的基础。

我在第 1 章中介绍过用你自己的价值观去评价、批判别人的荒谬，这尤其适用于倾听。其理由在于，倾听的本质，即设身处地地理解对方，与用你自己的价值观来衡量和评价交谈者正好相反。因此，在倾听的场合下，最重要的是，不要用自己的标准来判断对方是"好"还是"坏"，因为倾听的本质在于设身处地地理解对方的感受。遵循该本质能够传达你对对方的尊重。下面将介绍倾听秘诀。

倾听的秘诀

在听人说话时，虽然对方并没有征求我们的意见，但是我们也本能地倾向于说出自己的意见或看法，比如，"那一定……吧。""不过,我觉得……""要是我的话,没准会……的呢。"

但是,在对方说话时,首先请认真倾听对方说话,不要用你的价值观来判断说话者说的"好"还是"坏",而是尽可能设身处地地努力倾听。请先把你自己的判断放到一边,尽可能将他所说的想象成是发生在你自己身上的事。请一边心中想着"这人会是什么样的感受""哇,这多讨厌啊"或者"是吗,很开心吧"与对方共情,一边认真倾听。

然后,一边连连点头"嗯嗯""明白、明白""原来如此"一边倾听。点头时头要低得幅度大些,要频繁地点头,这样,对方会知道你在关注他、在认真听他说话。你越按这样的方式去倾听,别人就会越信赖你,也逐渐会对你说真话。

然后,如有可能,时不时把你听到的复述给对方也是极好的。举例说明如下。

说话者：领导在大伙面前对我发火，把我痛骂了一顿，问我怎么还没拿到订单，还问我是不是在认真做销售。

你：**啊！在大伙面前被痛骂？**

说话者（懊恼的表情）：是啊。大伙都看着我呢，领导这人，你说一句，他还给你十句，所以我什么也没说。

你：**虽然懊恼，可是却什么都没还嘴啊？**

说话者（灰心丧气的样子）：不仅如此，关于这次的交易方，我做了许多的周密调查，决心一定要拿到合约，可是，结果太令人失望了。我受挫了！

你：**费了那么多心思，做了那么多准备……太失望啦！**

总结对方的感受并复述

那么，如下这样的场景下怎样复述才好？足球部的朋友们垂头丧气地对你说："第一次上场比赛，一个球都没进……"以下A、B两种说法可以认为是在倾听时予以设身处地地共情的回应。

A：是吗。那么努力地练习，真是遗憾啊！

B：你一定很想进球吧。这真是让人失望啊……

如果一边把说话者垂头丧气的感受想象成是自己的感受，一边像这样感受说话者的感受来答话，那么说话者就会感到"你明白我的感受。你看重我的感受并接受了"。可是，我们有时虽然没有恶意，却倾向于否定说话者的感受。下面举三个例子来说明。

否定说话者感受的回答1："没关系！下次一定能进球的！"
　　谁都不能保证下次一定能进球。因此，如果你这么回答的话，对方会明白你只不过是在敷衍，不会感到你真的接受了他的感受。即使你是善意，他也会明白你是在骗他，所以也就不会再对你说出他真实的感受了。而且，他甚至还可能会回答说"多谢。是的，下次就好了"，但是实际上不会以为"下次就好了"。说话者也只不过是在敷衍你罢了。

否定说话者感受的回答2："一开始谁都是这样的，别灰心！"
　　这也是敷衍。如果一句"别灰心"就能让人转悲为喜的话，哪里还会有人苦恼呢？

否定说话者感受的回答 3:"要是再好好练习下就好了。" 或者"重要的是分析失败的原因,以后改善。"

可能男性这么答的居多。男性从童年时期起就比女性受到更强的"必须出结果"的压力。他们童年时期起开始练习棒球、足球等,入学后的成绩、学历,走上社会后的工作成果、地位等都是如此,因此容易像这样立即朝向"怎样才能出结果"这个方向来思考。尤其是男性倾听者,比起与因没进球而灰心丧气的感受共情,他们更倾向于思考接下来怎么办。女性也常常会这么思考,但是一般来说男性在这个方面的倾向更强。

当然,解决问题、取得成果的确很重要,这些对于提升能力、在社会上成功来说不可或缺。但是,对于我们来说,感情也同样重要,如果没有感情的话,我们就不能与人正常地和谐相处,而且就连人生的喜乐都消失了。

对于本例中的足球选手来说,"要是再好好练习就好了""重要的是分析失败的原因,以后改善"这样的话,即使不跟他说,他自然也是懂的。我们自己也跟这个选手一样，在灰心丧气时，比起被人谆谆教导，更希望有人能够懂得我们的感受。如果有人真能懂我们，那我们很快就能再次变得干劲十足。

这里教你的这些，是不是一下子难以接受？请参考下面的例子：深爱的恋人突然提出分手，你万分惊讶，悲伤不已，十分难过。在跟朋友诉说你的感受时，肯定希望对方能明白你的苦楚，最好是像这样："啊！是吗？很难受吧……"

可是，要是在你诉说你的苦恼时，对方敷衍说"换个新女友不就好了吗"会怎样？情绪会变好吗？不可能的吧。另外，要是被宽慰说"有过恋人不就已经很好了吗？你看我始终单身呢"会怎样呢？估计不想跟说这话的人再多费口舌了吧。或者，要是被鼓励说"为什么会被分手？分析下原因，好好吸取这一次教训，争取下次不重演！"这样的建设性的问题解决方案会怎样？反正换作是我的话，肯定会生气的！

与对方的感受共情

我们在跟别人诉说我们的悲伤、寂寞,或者懊悔、生气等感受时,希望对方能像自己经历过那样,明白我们的心情、懂得我们的感受。因此,下面我们来学习理解对方的感受并与之共情的方法。

早晨,在老公出门上班前,老婆在玄关前寂寞地说:"你今天也是很晚回家吗?"

无视感受的回答

A:是啊,回来得迟!(说着就出门了)
B:今天九点回。(说着就出门了)

这么回答的话估计离离婚不远了,因为老公完全忽视了老婆的感受。

响应对方感受的回答

A:对不起,让你觉得寂寞了。这周末休息,我们一起去
　　哪儿玩吧。

B：对不住。我尽量早点回，但也可能会晚点，确定后我会从公司给你发信息的。

老婆问"今天也会晚回吗"，可能不是在寻求是否会晚回的信息。问句重点不是老公是否会晚回，而是老婆自己感到寂寞。因此，解读出寂寞并响应，才是重视对方情绪的回应。

不要夺走说话者的主体地位

那么下面的情况如何？应该怎样回应，才能与对方共情，促成接受度高的对话呢？

问：下周圈子里有前辈的聚会，去吗？该怎么做才好呢……

这里，很多人在代替说话者做决定。

A：不想去的话，也没必要非去不可的。
B：这样的活动，去的话会好点，至少露个面，要是不喜欢的话，就以身体不适为由提前退场。

C：如果是位很重要的前辈，去的话好点，不过不去也没什么。你自己凭感觉做决定吧。

可是，对方跟你说"去吗，该怎样做才好呢……"，并不是打算让你来帮助他做决定的，只是想让你知道他迷茫的心情。因此，如果回应说"有你在意的事情吗"，说话者可能会更加乐意诉说自己的烦恼了，"嗯，是的……我并不是讨厌那位前辈，可是那位前辈的朋友实在是有些难缠，不想跟那人见面……"通过这样的对话，你和对方的距离可以拉近，关系也会变好。

提问

然后，在愉悦地倾听对方时，把对方说的听进去，并提问。可是，如果追根究底的话，也会招人厌烦的。因此，建议你提以下两类问题：

（1）让对方说更多有关他正在说的内容；
（2）求教对方感兴趣或者擅长的方面。

我们大多容易关注自我，会自说自话。因此，为了避免出现这样的情况，请就对方说的内容提出上述两个问题，遵循着对方说的来求教。

下面举几个例子。下划线处则表示适当的提问。

（例一）

对方：上个月开始的社交舞课可有意思了，我每周最期待的就是它啦！

你：啊，**社交舞这么有意思啊？有什么意思呢？**

（例二）

对方：那家杂货店的店员似乎怀疑我们偷了她店里的东西，我们走出店门时，她竟然让我们打开包让她检查一番。

你：啊！**然后怎样了？**

对方：跟她说行，打开包让她检查了！结果她看了后说对不起，好了可以走了！

你：**被她要求开包检查，你不反感吗？**

对方：嗯，自然是反感的。

像这两个例子一样，遵循着对方说的去提问，然后针对对方的回答不断点头"嗯嗯""是吗""是啊是啊""原来这样子啊"，在倾听时不断地增进互动。

如前所述，时不时复述你听到的内容也好。如下划线所示的描述。

（例一）
对方：社交舞会上，素不相识的人彼此很快就成朋友了，大家一起跳舞。真开心呀！
你：**是嘛，素不相识的人都能很快成为朋友一起跳舞，真让人开心呀！**

（例二）
对方：嗯，自然是反感的。
你：**是呀，会反感的。**

让会话顺利进行的提问秘诀

就对方说的、感兴趣的内容提问很重要,但是提问不要变成质问,否则会让人心累。实际上,有秘诀能让你避免这样的情形,帮助你提出让会话顺利进行的问题,此秘诀是:先简短复述对方说的内容,然后提问。请看以下正、反两种示例。

(反例)

你:喜欢甜食不?

对方:嗯,喜欢,但是不喜欢巧克力。

你:嗯。

对方:啊,另外,蛋糕卷也不喜欢。

你:那你喜欢什么呢?

对方:嗯,喜欢和果子[1]。

你:还有呢?

对方:喂,你怎么一直问个没完啊?

(正例)

你:喜欢甜食不?

---

1. 和果子:一种日式点心。

对方：嗯，喜欢。不过不喜欢巧克力。

你：**啊，不喜欢巧克力？**那么，除此以外，甜食基本上都是喜欢的？

对方：似乎蛋糕卷也吃不了多少。

你：**蛋糕卷也不怎么吃？**那么，喜欢什么呢？

对方：比如和果子。

你：**和果子太好吃啦！**

对方：嗯！不过呢，冰激凌之类也蛮喜欢的，此外雪糕也很喜欢！

与过于直接的人相处会让人心累

有时候，如果笑容灿烂、多问人或者多跟人搭话，那么就能与人愉快地交谈。可是，这样的话未免有些刻意，所以你有时候不经意地就成了让人心累的人。这样的人积极地跟对方套近乎："最近怎样啊？""您小孩已经上小学了吧？"跟对方搭话时极尽溢美之词："您看着真精神啊！""外套很高级呀！"等等。但是这会让对方感到有"很难直接回答"的压力，于是会觉得心累。

这样的人并不是真的关心对方，也并不想知道对方情况是好是坏，只不过是因为觉得对方"是个不错的人"或者"是个能聊得开心的人"，于是就摆出笑脸东拉西扯。这样的人真是让人心累啊。

要是真关心对方，如果对方给了"真不想干活啊""说实话，老婆正住着院呢"等负面的回答时，他应该会表示出同情心来倾听。但是，寻求正面回答的人是不会回应这样的负面回答的，或者甚至信口开河地出言安慰："没关系，您夫人肯定会治好的"或者"您夫人病了……不过您看起来精神真不错，真是太好了"，说来说去都还是只想说正面的内容。

说点关于你自己的话题也会比较好

如前所述，我们都很喜欢和对我们说的内容感兴趣的人交谈。可是，在双方彼此认识的情况下，最好也说说关于自己的话题。原因在于，当一个不说关于自己的话题的"秘密人物"是不好的。

一般而言，大家为了彼此相知而成为朋友，通常是你说三分、对方说七分，你说你自己的话题，对方也说他本人的话题。那些对别人有强烈的不信任感、不说关于自己的话题的人会认为自己善于倾听。可是，并不是他们善于倾听，而是因为他不说关于自己的话题，对方为了不冷场不得不拼命说个不停，因此从另一方的角度来说，跟这样的人相处真累。

所谓善于倾听，是指消除内心的屏障，对对方倾注关心，灵活地使用本章中介绍过的点头、口头回应、提问等。

对别人的痛苦予以共情

在听别人诉说烦恼时，常常需要用到倾听的技巧。在这样的情况下，你要尽可能把说话者的烦恼当作你自己的来理解，并给予共情。我们在听到他人的苦恼时，会想帮助对方减轻烦恼，所以容易出言宽慰或鼓励："没关系，会好起来的。"或者"你一直都好努力的，可别轻看了你自己哦。""可别这么想，没人觉得你做得有那么差。"

可是，当我们陷入深深的苦恼时，即使被人宽慰或鼓励，也是于事无补的，而且烦恼也不会有丝毫减轻。不仅如此，还可能因为想到"果然他也不能明白我的苦恼啊"，因而更感悲凉、更觉得受伤、更加孤独，所以也就不会再对你吐露心声了。

倾听的进阶要点

本章的最后会进一步阐述倾听的进阶要点。倾听最重要的是如下态度：尽可能设身处地地理解对方的所想所感。因此，在听别人说话时，请别用自己的价值观来衡量对方而判断"好""坏"，而是努力竖起双耳来倾听。

请尽可能地把对方的情感想象成你自己的情感来倾听。例如，在心中想着"哇，这可真是讨厌啊""这样子啊，应该很开心吧！"这样进行倾听。一边倾听，一边大幅度地、多次地点头，并附和，比如"嗯嗯""是吗""原来这样子啊"等。倾听时把对方传达的要点简短地复述，这样对方就会感到你是在充分理解的基础上倾听的。

（例）

"在大伙面前被痛骂！"

"虽然懊恼，可是却什么都没还嘴啊！"

"费了那么多心思，做了那么多准备……太失望啦！"

如果顺着对方的话，通过提问让对方说出更多，并倾听，那么会话就会顺利推进。另外，在进行这样的提问时，如果先简短地复述对方说过的话，那么会话就能顺利地推进。

（例）

"啊！社交舞这么有意思啊？有什么意思呢？"

"被她要求开包检查，你不反感吗？"

在对方感到深深苦恼时，请留意不要简单地宽慰或者鼓励。如果希望成为这样的人的心灵支撑，那么最重要的是在倾听时尽可能设身处地想象他的痛苦感受，与他的苦恼共情。虽然，这对于听者而言也同样难受，但是，越能如此，越能成为苦恼者的支撑。

Part IV 特别篇

如何成为一个有亲和力的人

方法 1
改变消极认知

道理都明白，只是做不到

到此为止，本书介绍了成为让人放松的人的秘诀：紧张是会传染的，请放松；最重要的是，主动给予对方好处；笑脸对人很重要；致谢很重要；不要只在意对方能否对你好，单单只是一门心思对对方好就可以；在心中对别人说"谢谢"；特别是，如果能对双亲感恩的话，幸福会来敲门的，等等。

可是，你是否或多或少觉得"这些说教，我做不到啊"，或者"真讨厌这些啊"等。简而言之，你是否觉得"我做不到"?

这么想也很正常,纵然你希望成为让人放松的人,可是却讨厌与之相关的秘诀。虽然不需要特别的知识技能,也不需要金钱投入,可你就是固执地认为自己做不到。其实,之所以这么想,很大程度上是因为你的内心深处还存在尚未疗愈的创伤。因此,接下来让我们更深入地了解心理创伤。

我们自身的生存与心理创伤

谁都有尚未疗愈的心理创伤,其中有童年时期受到的伤痛,还有许多自己都不知道其存在的伤痛。那么,这些心理创伤的本质是什么?为什么心理创伤导致我们成为让人心累的人?下面我将展开说明。在本节中,首先说明与我们的生存有关的部分。

以我自己为例,其实,我以前绝不是个让人放松的人。那么,为什么我会改变了呢?这其中隐藏着许多"让人心累的原因"以及"怎样才能成为让人放松的人"的启示。

不知道在想些什么的学生

那时,我上初中三年级,极度厌学,几乎没什么朋友,不仅如此,有时还会被欺负。在这样的中学年代里,有件事我至今铭记于心。那一天,我在毕业典礼结束后打开报告册,班主任写的评语赫然映入眼帘:"不知道这学生脑子里在想些什么。"

我那时才第一次知道,老师是这么看我的。我很悲伤,真的不喜欢老师这么看我。可是,我被自己的情感麻痹了,所以我当时是否真的有过这样的感受,其实也记不清楚了。如今回想,只是觉得很可能曾有过这样的感受……自然,我之所以成了一个情感被麻痹的孩子,也是有原因的,这原因就是亲子关系。

我是个不幸的孩子

在我还是个小学生时,我一直认为自己是个不幸的孩子。我依然记得,我被父母拒绝,被父母侮辱,经常柔弱无助地独自抽泣。我长大后问妈妈才得知,我出生时,爸爸挣得少,不成器,而且经常夜不归宿。

那是整个社会的经济在高速发展的年代，妈妈的生活却贫苦不堪，连吃的都没有，总是饿着肚子，因此导致奶水不足。就是在这么贫瘠的情况下，妹妹也出生了。妈妈孤独无依，一个人带着两个小孩，还得了抑郁症。

一天早晨，爸爸在当时居住的逼仄而廉价的公寓里，发现了一把刀。据说，那把刀就放在一岁的我和刚出生的妹妹睡觉的垫褥和破旧不堪的榻榻米之间，是得了抑郁症的妈妈放到那地方的。也许，她是想母子俱亡、一了百了吧。

爸爸因此惊慌不已，把妈妈带到精神科诊治。不久，爸爸为了监视妈妈而辞工回家，据说，即便如此，妈妈也曾经抱着幼小的我和妹妹傻傻地站在地铁站台上。在我成年后，妈妈曾对我敞开心扉，说那时脑中一闪而过的念头是："就这样跳下去的话，该会多么轻松啊……"

离开父母生活

父母的生活一直捉襟见肘，所以他们都要上班。妈妈做小时工，白天当办事员，晚上清扫大楼，甚至有时一天要打三份工。她为了多干活挣钱，自然就没有余力来带我和妹妹了。因此，他们把三岁的我和两岁的妹妹扔在爷爷奶奶家，那里距父母家往返要八小时以上，真的是太远了。

在我的记忆里，与爷爷奶奶一起生活的几年是一段色彩斑斓的日子。在爷爷奶奶看来，我们两个幼小的孙儿是他们的心肝宝贝，他们对我们倾注满满的爱意，温柔地抚育着我们。我甚至还跟他们养的一只叫"贝壳"的狗成了密友。在那里，幼儿园的老师也很温柔和气，我的朋友很多，幼儿园里的饭菜也很香甜可口，每一天都是那么快乐。虽然远离父母生活，但是记忆里几乎没有过寂寞的感觉。

然而，长大后，我在接受心理咨询时，有一天，寂寞突如其来地涌上心头。我逃离不了这寂寞，而且，我惊觉这似乎是离开父母生活时那强烈的寂寞感。那时，父母在不那么忙时才会偶尔来看望幼小的妹妹还有我。在一起度过短暂的快乐时光后，父母离开的那一刻，我真的是非常非常寂寞啊。

我脑海深处浮现出那一天，我在夕阳下看着父母的身影变得越来越小，还一直用力挥手。这样的寂寞，在当时，我尽力压抑住了，并且努力忘掉了。我们的内心原本就有抑制太难受的情感而麻痹自己的功能，所以连我自己都不知道这寂寞的存在，也自动抑制了它。

我说被爷爷奶奶宠爱着度过了快乐时光并非是在说谎，只是，与此同时，也许"色彩斑斓的每一天"这样的记忆也是用来忘记寂寞感受的防御性幕布。

我自己都没有感觉到的被抑制的情感或许只存在于潜意识里，但是却对我的人际关系以及心理健康都产生了很大的负面影响。因为它，我成了一个感情迟钝、不容易感动的孩子，没有什么精神，也不活跃，害怕与人正面接触，向这个世界、向别人关闭了心扉。

父母离婚

我和妹妹一直被放在爷爷奶奶家，直到我五岁时，我俩才又回到父母身边。在悠闲的单门独院的乡下，由慈祥和蔼的爷爷奶奶抚育的生活翻篇了，我又开始在冷漠的都市里，在小小的、老旧的、廉价的公寓里，和性格古怪的父母一起生活。

父母总是争吵不休。后来，在我上小学时，他们离婚了，之后父亲就离家出走了。在那以后，我们由不安全感和焦虑感都很强烈的妈妈养育。妈妈成了单亲母亲，为了养育我们而拼命工作。她经常朝我怒吼："白痴！""笨蛋！""懦夫！"对我又打又骂。我也变得畏畏缩缩、萎靡不振，而且还有了神经质地啃手指头的癖好，身体病弱不堪。我曾在上课途中到保健室去就诊。那是一段痛苦的回忆。现在回想起来，想必妈妈那时也很难受、很痛苦。

我成了被欺负的目标

虽然我自己察觉不到内心深处残留的伤痛，但是这些伤痛会成为人生中各种苦痛、问题的根源，我也是如此。被压抑了的痛楚对日常的情感、行动产生了许多坏影响。我在小学和中学都受欺负，毫无原因就被人踢打，被人当傻子耍……欺负者很快就敏锐地发现我没有自信又萎靡不振，于是我就成了他们攻击的主要目标。

可是，幸福的孩子是不会欺负别人的。欺负人的孩子估计也都跟我一样，没有被父母无条件地给予关爱，对父母既生气、又伤心。因此，以"欺负—被欺负"的形式，我与他们结缘。

恋爱不顺

被压抑在心底的痛楚在恋爱方面也滋生出许多问题和苦楚，我就是这样。在大学偶尔约会时，我会这么想："我过得快乐与否无关紧要，对方过得快乐与否即为全部。对方快乐的话，约会就成功了，要是不能让对方快乐的话，那这约会就失败了。"

现在，我反思当时的自己，才明白，那种做法只是看起来像是以对方为重，实际上隐含的感受是："要是能让对方快乐的话，我作为男人才是有价值的。"我牺牲了自己的喜悦和快乐，只在意确认自己作为男性的价值以及是否会讨得对方喜欢。因此，这样的我会时不时散发出"希望你看在我的分上觉得快乐！希望你喜欢我！"这样强制性的感受，估计会让对方时常产生负担感。所以，我想，当时对方没觉得能放松跟我相处，因为我自己就不是个放松的人，而如果自己不能放松的话，对方也不可能放松。

"古宫先生真的很可怕"

被压抑了的愤怒总是会传递给周围的人，对此你是否觉得很奇怪？例如，我在上大学时，同在一所体育俱乐部的一名后辈说的话令我至今难忘。大家在一块闲谈时，那个后辈这样说："说真的，前辈中最恐怖的就数古宫先生了！"其实，我讨厌装出一副前辈的样子在后辈们面前不可一世，所以我还一直以为自己是个既民主又温厚的前辈呢。因此，当我知道后辈们认为我"最恐怖"并加以戒备时，我真是太意外了！

当然，我也有温厚的一面。但是在别人看来，我身上连自己都没有发觉的愤怒不经意地就表现在表情或言行上，所以那个后辈跟我相处时肯定是不能放松的，因为他发觉我在发怒时，平时压抑的怒气也会爆发。像当时的我那样，一些散发自己都没有发觉的愤怒的人，或多或少会让周围的人心存戒备。

起初我总是做不好咨询

我的职业是心理咨询师。我立志成为一名优秀的心理咨询师，也为此非常努力。即使是在世界上那么多心理咨询师之中，比我更努力的，想必也比较少。我之所以如此努力的原动力之一在于，我希望给别人带去幸福，与此同时，还在于这样的自我无价值感："要是当不了有能力的咨询师，我就感受不到自己存在的价值。"

然而，即使带着这样的想法拼命地做咨询，我作为咨询师的能力也是有限的。对于咨询师来说，他必须得是让人放松的人，否则来访者不会卸下心中壁垒而说出自己的问题。可是，那时的我在不知不觉间对来访者们发出了这样的信息："请相信我是个能力很强的咨询师！""请喜欢上我！""请为了我而变得更好些！"从来访者的角度来看，这样的咨询师让他们感到心累，于是他们也不会安心地打开心扉。

我的咨询做得不好，因为我的来访者大多还没看到效果，就不再来咨询了。本来，对话式的咨询要针对来访者的感受反复深入地沟通交谈，所以需要来访者坚持到诊所来。可是，每当会话完成时，我一问："希望我们下周也进行跟今天一样的交谈，好吗？"对方要么吞吞吐吐地说："嗯……我自己试试看再说吧。"或者说："嗯……要是还想来的话，我再打电话好了。"然后就再也没打过电话……这样的事情太多了。虽然我为成为一名优秀的心理咨询师而异常努力，但也只是达到如此境地。类似这样的挫折，我经历过不知道有多少次。

鉴于上述情况，我出于自身的目的接受了许多年的咨询，粗略算来，大约十年。在此期间，我有了不同的深度疗愈的体验，下面介绍其中记忆特别深刻的几次咨询。

对接受咨询的恐惧感

大学三年级时，我立志将咨询师作为未来的职业。那时的老师对我说："做咨询师的人，自己能接受咨询很重要。"我不明白是什么意思，但还是决定"试着接受咨询吧"。

虽说决定了这么做,可是实际上基本没去过,因为我对接受咨询心存恐惧。那时,我就读的大学有学生相谈室(类似于咨询室,谈话内容以心理困扰、职业规划居多,编者注),那里有职业的心理咨询师。那间屋子在老旧的、灰暗的校舍后边,几乎没人去过。有几次,我来到学生相谈室门口,本来想敲门的,却不知为何突然失去了勇气,于是回到走廊上,一直走到楼道那,又返回相谈室门口,又再次走开。就这样,我一个人在灰暗的走廊里悄无声息地来来回回,两个小时过去了,我都没勇气敲门,最后又灰头土脸地溜回去了。

这样的情况后来又发生过一两次。后来有一天,我鼓起勇气毅然给班级里中意的女孩子打电话约会,可那个女孩子说她这个月、下个月、下下个月一直都很忙——我被她拒绝了……我被悲伤和不甘迎面痛击,"可恶!把我拒绝了!"于是我毫不犹豫地决定:"既然这样的话,那就去咨询好了!"

现在想来,这样的痛击方式有些古怪,可是,不管怎样,正是因为这样，我才能够最终敲响学生相谈室的门，而这距离我下定决心接受咨询已有半年了。我对接受咨询恐惧到了如此程度！

最初的咨询体验

学生相谈室的老师是位四十多岁的女性，我在那儿开始了每周一次、每次大概五十分钟的咨询。我坐在相谈室的沙发上畅所欲言，几乎一直都是盯着脚尖在说话。现在想来，这大概是由于担心做咨询的老师认为我说的是"稀奇古怪的东西"或者"乱七八糟的"等不好的内容，因而我感到不安，于是几乎不能看着老师的脸说话。

我那样的反应是我当时抱有的对人不信任感的外在表现，那时我基本上趋向于认为"如果别人了解真正的我，他们就会生气或者对我有不好的看法"。即使是这样的我，在去谈话的过程中也逐渐明白了，不论我说什么，老师都会尽力来理解我、以接受的态度来倾听我所说的。在这一过程中，我实际地感受到，并不是我说出自己真实的感受，别人就一定会讨厌我。与此同时，我逐渐能够接受自己真实的感受。

性格坏得可怕

此外，在某个时期，我觉得咨询的老师可怕，时常觉得老师的性格很坏。一天，我与认识那位老师的朋友闲谈，我说"我觉得那个老师可怕"。朋友一听很意外，"是吗？为什么可怕？"我则对朋友意外的神情感到意外，难道那个咨询师老师不是在谁看来都性格很坏吗？

可是，当被朋友问到"为什么可怕"这个问题时，还真没有应该让我害怕的理由。被问到后再一想，我既没有被这个老师训斥过，也没有被这个老师恐吓过。于是，在下一周咨询时，我说："老师您看起来性格坏，我有点怕您。"老师像往常一样，没有否定我的感受，也没有恶意曲解我的感受，只是倾听并接受了我的感受。

这样，在接受咨询的过程中，我明白了：我把童年时期感到的"可怕的妈妈"的形象投射到了咨询老师身上。此外，我对咨询老师的反应是连我自己都不自知的女性恐惧症的表现。我有很多女性朋友，但是即便如此，我对女性依然心存恐惧，因此我特别不懂得恋爱，不能从恋爱中获得快乐。

当我把对老师感到害怕的感受说出来并且被老师接受之后，这种害怕消失了。与此同时，对女性感到恐惧的感受也减轻了。最开始，我甚至都没意识到自己对女性存在恐惧心理，也许是在我尚不自知的情况下，我已经因此而缺乏与异性的交流了吧。

就这样，我与那个咨询老师的咨询持续了大约两年。然后，我因为也想成为咨询师而去美国研究生院深造。

美国的咨询经验

国外的大学里竞争激烈，我说着不习惯的外语，每天的压力很大，生活并不容易。我在美国也去见了几位咨询师。

那时，因为朋友关系不顺，我有过一段特别艰难的时期，因此我去了大学的心理咨询室。接待我的是位三十多岁的女咨询师，她听我说了情况之后，提出："你这是抑郁症，需要服药。今天在这里预约医生吗？"但是，我不认可她说的，所以拒绝了。

我为何不认可她说的？现在回想起来，可能是那位咨询师说的"抑郁症是一种病，所以需要医生和药物"，这样先入为主的观念让我有些抗拒。我向咨询师寻求的，不是给我做心理诊断然后用药物来抑制症状，而是希望由她跟我一同着手应对她称之为"抑郁"的痛苦。后来我再也没去过那位咨询师那里。

之后我去了学生相谈室，接待我的是一位头发已经全白的女咨询师。她没跟我说"你这个是抑郁症啊"，也没跟我说"请你吃药吧"，她只是"嗯嗯"地认真听取了我说的话。她也没跟我说"你不得有这样的想法"，或者"你不得那么做"，反过来，也没跟我说"这样是对的，所以以后要做得更多"，或者"那样的想法是对的"。她完全没有与她个人的"善恶""喜恶""对错"相关的判断，只是设身处地与我共情，理解并接受我的一切。

我已经不记得我说过什么了，我只记得痛苦的我就那样被温暖无条件地包围，并感受着被接受的那种安心感。随着向那位咨询师诉说我的情况，以前被郁积在心中的情感以自己的节奏逐渐表现出来。也许这就是心理咨询：诉说、感受这样的情感，然后这些情感被接受、被理解。通过这样的会话，我的内心得以释放，变得放松，我的感受方式、思维方式，还有行动都在一点一点逐渐变化。多亏每周一次去她那儿接受咨询，我才能度过那段艰难的时期。

身体心理疗法

心理咨询（又称为心理疗法、心疗等）几乎都是这样通过会话进行的，粗略算下来，我接受了五六年的这种咨询。但是，除了会话型咨询以外，还有通过呼吸、身体的活动而逐渐深入内心的身体心理疗法。从回到日本生活起，我大概接受了两年这种咨询。以下是在身体心理疗法中发生的事情。

我心头涌上"我要是没能力的话，我在这世上就没有存在价值"的想法，同时，全身突然涌上深深的悲凉感，随即热烈的情感涌遍全身。那时,我第一次知道这样的想法和情感原来一直都在我心底从未离开。

所谓没能力、存在价值低,也就是相信"我原本是个存在价值低的人,因此我必须通过变得有能力才能赢得存在价值"。也就是说,我感到自身本质上是低价值的,那种自身无价值感的悲凉,第一次清清楚楚地被我感受到了。

我进一步说出了当下想到的念头。这样,我一件一件地回想起令我相信"我的存在价值低"的原因以及与之有关的情感。例如,在我还是个小孩子时,我被妈妈骂"傻瓜!白痴!",被她扇耳光,那时我是多么悲伤、无助,没有安全感。此外,羸弱的我不能满足父母"希望我是个强大的男子汉"的期待,我内心存在着多么深重的自卑感啊。

我在咨询中诉说这样的情感,真实地感受到它。每当这样的情感反复,我逐渐从这样的情感中释放出来,变得轻松而自由。此外,通过这样的会话,我对自身的看法、感受方式也逐渐变化了。例如,童年时被妈妈责骂,并不是因为我是个"一无是处的孩子",而是因为妈妈也很艰难,很痛苦，所以她没有余力来照顾我。我终于从内心深处感受到这一点，而不仅仅是作为知识从教材里学习到。

此外，虽说我没能成为父母期望的"强大的男子汉"，但是我感受到自己有其他方面的长处。而且，我还感到父母当初对我抱有那样的期待也是为了我好。

每当在咨询过程中体验到这样的变化时，我就开始一点一点地改变。伴随着这样的变化，我作为咨询师的那种"要是被来访者认为是个差劲的咨询师，该怎么办才好"的不安减轻了，而且咨询也进展得比以往顺利。

释放被压抑的情感

此外，我还接受过深呼吸疗法的心理咨询。那时，从幼时起便存在于心中而被压抑的各种各样的强烈情感涌上心头，在心理疗法的安全环境中，我感受到了这些情感。如果我感受到激烈的愤怒，那它就会冷却下来。不一会儿涌上深深的悲凉，如果我能充分地感受它并表现出来，那它也会冷却下来。然后其他的怒气又会涌上心头……

每当反复这样的过程时，我就会感到滞留的情感在慢慢消逝。

结束这样的会话后，自己先前都没发现的紧张减轻了。当紧张、重负被带走时，我的心灵和身体都变轻，我意识到："啊！一直以来，自己是如此僵硬又如此重负啊！"由此，我疗愈了内心深处的伤痛，去除了通往幸福的障壁，变得能够像原本的自己那样生活。

接受德马蒂尼方法的契机

我还接受了德马蒂尼方法的心理援助。我第一次接受该方法是为了解决很久以前对同一职场的上司的怒气。那时，几乎所有人都为那个上司的行为感到气愤，因为这个上司极度地强人所难、无视别人。

我也是其中的一个。那天开会，我忘了将一个议题事先提交给这位上司。会议一开始，我照着准备的议题一味说了下去，一直说到了我忘了向那位上司提交的议题。他问我："古宫，这个议题是什么？"我跟他说明："啊，这个我忘了跟您说了,这个是……"那并不是什么重要的议题,会议也很快就结束了。

然而,那天傍晚,上司突然怒气冲冲地给还在加班的我来了电话:"古宫,你这家伙,最近是不是太过分了些!"我诧异:"啊?"上司继续发火:"今天开会你竟然无视我,你到底什么意思啊!把我当傻瓜啊!"我莫名其妙,上司继续朝我怒吼了一阵,然后突然一下子挂断了电话。

我在电话挂断后非常生气。原本是因为上司没有做会议准备工作,我才帮忙进行了会议准备、议题整理等。除此之外,我还做了原本应该由这位上司进行的各项工作。来电话时,我也因为还剩下很多工作才留在公司里加班,可是上司却一下班就走了,然后从家里打电话过来训斥我。而且,没有提交的那个议题并非重要议题。除此以外,我还因为很多其他事对上司感到生气。我甚至开始计算"还剩下多少年才到退休离开",或者想着"要是他生病早点离开的话就好了,就再也不会让大伙儿受气了"。

流下爱和感谢的泪水

我们都强烈地"希望爱别人",不能爱别人时,我们也会深感痛苦。因此,虐待孩子的父母也会为自身所作所为而深感痛苦。我为了解决对那个上司的怒气而对自己的心灵应用了德马蒂尼方法。果然,努力有了成效,得到的收效远超出付出的辛劳。

我终于明白,那个上司对我做过的事,全都是有助于我实现未来的目标。例如,我从亲身经历中明白了会议的事前准备是非常重要的,此外还明白了幕后工作的重要性。我还明白了,在做出可能让某人感觉在会议中"被无视"的言行时,即使是很微小的事项,也需要敏感地注意到,并在会议刚一结束时就向他道歉。此外,在对方生气时应该克制并在以后改正。

这些全都是为了今后作为组织的领导层的我做出成果而需要的学习。一直懵懂无知的我,要不是受到那个上司的冲击,我也不会得到这么重要的领悟了。而且,由于周围的人也觉得那位上司难对付,于是我集结了几个人召开了部长对策会议，因而好几次有机会讨论怎样应对他的言行。我也因此而与他们的关系变好，我们变得更团结，他们成为我很重要的朋友。

可见，当我们在与某人的关系疏远时，与其他人的关系可能会走近。在被某人攻击时，我们会以同样的强度受到其他一些人的支持。

我意识到，包括增强与职场其他人的团结在内，我从那位上司那里还收到许多其他珍贵的恩惠。那时，我满是对那位上司的爱和感谢的泪水，并且希望以后也精神愉快地生活下去。我记得，从那天以后，我和上司的关系变得好多了。在看到别人生气地说"真讨厌他啊"时，我真真切切地感受到自己的积极转变："啊，我以前也是这样子的啊！"

对母亲的感受也大大改变了

从那以后，我还接受了几次德马蒂尼方法，其中一次是以我母亲为对象进行的。通过这样的工作，我终于意识到,正是因为母亲是个情绪不稳定、高度焦虑且极度缺乏安全感的人,我才得到了贵重的宝物。例如,正是因为我是被这样一个妈妈养大的,我才会强烈地关注人们的内心。此外,因为这样将兴趣投向内心,我才认为人的成长具有高价值,所以这也得益于我妈妈。不仅如此,我变得高度关注生命的意义,这也是因为我童年时期曾有过艰难时期。此外,由于我妈妈有强烈的不安全感,高度焦虑,所以我以前都是在看着她的脸色过日子。受惠于此,我能够敏锐地察觉人的心理状态。对于咨询师来说,这有助于培养观察来访者的感受的能力。

不仅如此,从我培养心理咨询师的经验来看,还有如下感想:"对于咨询师而言,正是通过自己本人亲身经历心理上的创伤,进而亲历其疗愈和改观,我才具备了与他人的苦楚深度共情的基本能力。"于是,就仿佛是,多亏了我有这么一个妈妈,我才能够亲历这一切。我通过如今的职业和成长得到的如此之贵重的宝物(生命的意义、人脉、经验、洞见、收入等),就仿佛是因为被这样一个妈妈养大所以才得到的一样。

想通这一点时，对于妈妈曾经给予我的"训练"，我的心头涌上感激之情。这并不是宽恕妈妈的心境，因为，所谓宽恕，是指对方做了坏事，但是我不责怪。通过德马蒂尼方法得到的结果并非宽恕，而是对于对方的行动及人格，表示出"多谢你曾那么待我""当初有你真好"这样无条件的爱和感谢。

如今，我和妈妈的关系是我一生中最好的人际关系。

与人相处变得轻松

除了目前介绍的经历以外，我还亲历了许多咨询体验。通过这些咨询体验，我逐渐变得无条件地喜欢自己，并且许多方面都逐渐改变了。由于我自己的放松，所以我与人相处时变轻松了，情绪也稳定了。而且，我与人相处时越放松，别人跟我相处时也就越放松。我情绪忽高忽低的情况也变少，还变得更善于向别人表达自己的感受。此外，我的人际关系问题也减轻了许多。

到此为止，我介绍了过去的经历。其中有许多对于成为让人放松的人而言很重要的启示。下一节中，我们将继续学习这些重要启示。

方法 2

心理咨询能帮你改变负面思维

心理创伤是让人心累的重要原因之一

上一节中介绍了我的成长之路、心理创伤以及治疗的体验。本节将介绍如下三方面：

（1）从我自身的成长之路以及作为心理咨询师的职业经验所观察到的心理创伤的本质。
（2）人们为何会因心理创伤而成为让人心累的人。
（3）通过心理咨询，心理创伤会如何变化。

我在1~3章中介绍了成为让人放松的人的方法。但是，即使尝试那些方法，你可能也觉得还不够。此外，即使变得比以前放松，你可能还希望通过疗愈心理创伤从而变成一个能够更加放松的人。

因此，从这里开始学习：让人心累的重要原因之一是心理创伤。

没有被父母无条件地爱而导致的心理创伤

从童年时期起，我们就强烈地期盼被父母无条件地爱，接受并认可本真的自己。可是，类似这样的记忆你一定也有过的："你要是可爱的话，我就爱你，要不然我就不爱你了。""你要是成绩好的话，我就认可你，要不然我就不认可你。"，以及"被妈妈怒吼""被爸爸狠揍""不搭理我""被嫌弃了"。不仅如此，这些情景还一而再，再而三地出现，反反复复无止无休。这样的时刻，我们幼小的、容易受伤的心灵会受到伤害。于是，背负的陈旧伤痛不仅未被疗愈，它们还在内心深处就那样残留了下来。

童年时期的心理创伤使人际交往变得困难

童年时期的心理创伤使人际交往变得困难重重。其原因在于，如果出现不安，那个受伤的小孩就会突然现身。这些不安的事件有：初次与人见面时、在别人面前走上台时、与老师和上司谈话时、喜欢的人对自己冷面相待时、别人没注意到自己时、被分手时、被责备时、考试成绩差时、考核不合格时，等等。在这样的时候，虽然那个具有理性和区分能力的成人不会做出反应，但是那个受过伤害的、怯懦的小孩会。比如，他可能感到了极度的恐惧："又一次被抛弃了！""又被拒了！""又一次受伤啊！"或者，他可能因极度的寂寞而觉得受够了："又回归孤独了。""我还真就是个爹不疼娘不爱的人啊！"或者，抑制不住的怒气和憎恨，都不知如何是好："不要，我不要！""勃然大怒，无法自已！""终于明白，我竟受伤至此！"

我们内心中那个受伤未愈的小孩像这样暴怒时，会破坏人际关系，伤害重要的人，特别在意被人恶意揣测，不知道要与人保持距离，或者喜欢上伤害自己的人，等等。

受伤的小孩不喜欢给予

我说过，为了成为让人放松的人，自己主动给予他人好处是很重要的。但是，你内心里可能这样想：我讨厌这样、我做不到啊。例如，"为什么先给对方好处呢？我又不是道德家，我做不到。""只是自己主动给予，那要是收不回来的话不就吃亏了嘛。"这么想的人很多，而且这样的想法原本也很正常。

实际上，我们内心里那个受伤的小孩也是这么想的。为什么那个小孩会抗拒向别人给予，或者坚持认为自己做不到呢？其原因在于，小孩认为让父母代劳一切是理所当然的，比如让父母给自己做饭，让父母给自己买衣服和其他必需品，让父母同意自己上学读书，让父母带自己上医院，还让父母费心其他事项，即便如此，也不是那个幼小的孩子在买单，甚至他都没说一句"谢谢"。

然而，如果这其中并没有充分地倾注无条件的爱，那么那个小孩会在我们内心深处不停地叫喊"你得再多爱我一点、再多照顾我一些、更关注我一些"。即使长成了大人，也会一直在你心中呼叫不止，然后不断地寻求，"我还想要更多、更多。""你理所当然应该为我做这些的，可是，你没做到……"

　　这些人自己寻求从别人那里得到更多，总是觉得别人为自己做得还不够，总是认为自己没有给予他人的余力，因此，在自己都还没意识到时，就侵夺别人的爱、别人的能量、别人的时间、别人的关心。然而，即使如此，你感到仍然不够，而且比起感谢别人为你做的一切，你反而会不满别人没为你做的那些。这样，相对于"传达你的感谢""告诉对方他的长处，并表扬"，反而会感到"我讨厌这么做""我做不到啊"。最终导致的结果是，人际关系没有"双赢"，而且你在不知不觉中从对方那里单向夺取。于是，对于对方来说，跟你相处就会感到负累。对方会想，"不论为他做什么，他都不满足。要是还被侵夺更多的话，我就受不了了"，于是会和你保持距离，关闭心扉。

将欲得之必先予之

　　有些人待人亲切，可是他的亲切里似乎没什么喜悦，而这极有可能是从对方那里感受到了别有用心或者压力。

比如，"我为你做这个，接下来换你为我做那个。"或者"我都送给你这么好的礼物了，你一定要喜欢我啊"，等等，那么这个人的亲切里有着如影随形的、想从你这寻求回馈的企图。要是感到对方对你的好是有条件的、是要求回馈的，哪里还会有什么喜悦呢？

在试图给予别人某物时，要是心底还抱有"我未曾被无条件地爱过"这样的贫瘠感，就会隐秘地寻求"你该对我投桃报李"。但是，像这样出于寻求从别人那得到好处而给予他人好处的情况下，这样的"有求于人"的感受会传达给对方。于是，你温柔的行为也会成为对方的负累。

厌恶自己

此外，如果你使对方生气到想责备你的话，你不会认为自己有多可爱吧。不能纯粹地给予他人的人会被人认为是个自我中心主义的人。但实际上，你并非心中无爱，而是由于你一直在努力向上，所以没有了给予他人的余力。例如，假设某个爱心人士此刻在海中溺水，当他在水里濒死而极度惊恐时，会想到"话说，那个得了感冒的同事康复了吗？发封邮件问问吧"，或者"一周前情绪低落的那人没事了吧？今晚打个电话问问吧"吗？他当然不会想到这些的。其原因在于，虽然他是个极具爱心的人，但是溺水时，哪还有为他人着想的余力。

心中有痛的人也是同样的。本来满心都是爱，可是心中那个受伤的小孩只想自己从别人那里得到，所以极度缺乏为别人着想的余力，因此才伤害他人，不能给予他人。即使给予他人，也是强加于人，或者是为了从别人那里得到回馈。

负面思维也是因为童年的心理创伤在作祟

遇到困难会很快就说"是我不好""要是还不能顺利推进的话，该怎么办才好"这类话的人拥有负面思维，与他们相处起来也让人心累。像这样对于事物先看到负面，难以看到正面的人，童年的心理创伤也是其原因之一。他们在童年时期感受到的寂寞和愤怒，现在还在心中翻腾郁积。尽管我们自己都没有察觉到，但是我们的内心会抑制情感，以使我们平时感觉不到如此难受的情感。但是，一旦有点风吹草动（比如，稍有不如意时，或者认为别人是不是对我有不好的看法时），这些情感就会立刻显露在心理表层上。

在这样的时刻，童年时期被父母拒绝时有过的"我是个坏孩子"的念头会一下子涌上来，于是就会认为"都是我自己不好""我不行啊"。而且，如前所述，我们人类的心灵有恐惧感并会强烈地铭记过去遭遇过的危险，这对于生存而言是个重要的机制。因此，越是在依赖父母的童年时期强烈地感到"被爸妈讨厌了""被遗弃了"这样的恐惧，越能清晰地记得这样的情感："要是再遇上那样的危险，该怎么办才好呢"，会因此感到恐惧，于是总战战兢兢，"要是稍微看到一点拒绝的征兆，我立马不再同这人打交道，以免被他抛弃。为此，我不得不时刻戒备着。"

那个受伤的小孩产生的紧张感

我告诉过你，"紧张会传递给对方，对方也会觉得累，所以请你放松些",而且"笑容很重要"。其实,你在与人相处时容易紧张或没有笑容而表情僵硬,也是过去一直存在未疗愈的心理创伤导致的。所谓心理创伤,终极而言,是指"对我重要的人不爱本真的那个我""被重要的人拒绝、攻击"这样的感觉。

这是由于那个受伤的小孩作为一种感觉残留在心中,但是那个小孩有着不被爱的寂寞感。可是,感受这样的寂寞会太难受,他希望让自己安心,于是强烈地寻求从别人那得到爱和关心。然而,与此同时,他们相信"要是别人知道了真正的我,没准会像过去的父母(或者其他重要的人)那样又拒绝我"。他们急切地希望被爱,希望得到善意的关怀,与此同时,又担心要是被人知道了真正的自己,对方就不愿再搭理自己了。这样的矛盾想法是对人产生不信任感的原因。因此,这些人在与人相处时会紧张,容易表情僵硬并且没有自然的笑脸。

那个受伤的小孩不承担变得幸福的责任

如果听谁稍微说了句不中听的话,就立马不高兴,与这样的人相处起来很容易让人心累。不仅如此，要求你做这个、做那个的人也是，这样的人似乎以为"我的心情是变好还是变坏都是你的责任"，对方感到被强加了这样的"义务"，于是与之相处会小心翼翼。

为了成为让人放松的人，你需要自己承担起自身的责任，因为你自己的情感责任原本就不在于对方，而应该由你本人负责。而且，不承担自己的情感责任，把这责任强加给他人，这也是因为那个受伤的小孩。下面对此进行说明。

小孩本应该从父母那里得到他们给予的充分的爱、关心和照顾。如果没有充分得到这些，小孩的心理就会受伤，会感到自己是个无力的受害者、可悲的牺牲品。其原因在于，本来被父母温暖地爱护是理所当然的，可是他们没有被这样对待，因而感到受到了伤害。因此，即使长大成人，以前没有被充分爱护而受伤了的那个小孩依然还是个无力的受害者、可悲的牺牲品，于是他们试图让别人来背负让自己幸福的责任。承担自己的人生责任是成人应该做的事，可是他讨厌这么做，可能是感到这样的责任太沉重，自己做不到。于是，心中那个受伤的小孩叫着："我不幸福是别人的原因，所以别人应该让我幸福！"

有时情不自禁想拯救别人

心中那个不被爱的、受伤的小孩在看到别人的不幸时，有时还情不自禁地想拯救别人。他们感到"让我幸福的责任在别人那里；同样，让别人幸福也是我的责任"，因此他们总是想拯救别人。这样的人的温柔总是带着点强迫感，因此对方即使亲切地接受，也不会有多开心。

这样的人的温柔，并不是真的为你，而是为了通过帮助他人来感到自己被需要，或者是为了被人感谢"多亏你帮我"才帮人的。这样的企图即使本人不自知，周围的人也会感受到的，所以即使他做出了温柔的举动，别人也不会有多开心，相反有时还感到沉重的压力。因此，与这样的人相处会让人心累。

最好接受别人的好意

不善于接受别人好意的人有很多。即使你出于纯粹的好意送他礼物,他也顾虑重重:"不用这样子啊,真不用的。"或者即使面对为了感谢他曾提供的帮助而邀请他吃饭,他也不肯坦然赴约。像这样不善于接受别人好意的人,大多也是由于童年缺少父母无条件的爱,因此先入为主地认为自己不具备多少被人爱的价值。例如,即使在父母对你温柔相待时,他们有时也会伴随"你小时候我好好照顾你,等我老了,就换作你来好好照顾我"的想法。在这种想法下长大的人,会感到别人的温柔行为中一并伴随着回馈的要求,因此不肯坦然接受。

此外,在某些情况下,有人在童年时期就担负着父母关系不睦的调解员的角色,或者由于兄弟姐妹多因此担负着替代父母照管弟弟妹妹的责任。这样的人,如果不为家庭牺牲自己,就感受不到存在价值,因此即使长大成人,也重复这样的模式,总是为他人操心不断。这是因为,他们是在这样的感受下被养大的:要是像个孩子那样要人哄、要人宠的话,父母就不会认可其存在。这样长大的人的内心中，有着必须当个"好孩子"的悲伤、寂寞以及怒气。

不仅如此，不善于接受别人好意的人，还有这样的想法：一旦允许自己接受，对方就会被惯得"想要更多、想要更多"，欲求无止境地涌现出来。因为怕这样，所以不肯被别人的好意惯坏——有时是这样的心理在作祟。

受伤的小孩总想隐藏自己的错误和缺点

那些隐藏自己的缺点，想表现得完美无缺的人，与他们相处起来让人心累。此外，不承认自己缺点的人也是。试图让自己看起来完美无缺，不肯坦诚自己的错误，死板而不会变通，这些都是因为童年时的心理创伤。孩子要是感到本真的自己没有被接受、被爱，或者不重要，就会特别悲伤、寂寞，同时会变得在意"我要怎么做，爸爸妈妈才会认可我，才会爱我"。

"如果我是个开朗、活泼、精神的孩子，就会被认可，要是我弱小或者没精神，就会被否定。"那么有的孩子在父母面前就会装出一副开朗活泼而且还很精神的样子，不仅如此，这样的孩子在成人后还时不时相信"必须时刻开朗活泼并且看起来很精神"。同样，感到"成绩好的话，父母就会认可我"的孩子特别在意成绩、学历，长成大人后，还依然感到"必须让别人认为我头脑好而且很优秀"。童年时期与父母相处的模式，成人后依然在与他人之间发生。在这样的模式下，隐藏着没有被父母认可本真的自我的心理创伤。感受到的这样的痛苦越激烈，就越倾向于向别人隐藏自己认为是缺点的那一部分。

同样，感到因为某事失败会被父母拒绝的孩子，长大成人后也很难承认自己的错误，甚至有时会有一种失落感。其原因在于，在他的内心深处，承认自己的错误就意味着失去父母的爱，而这对于那个孩子来说是不可承受责任的恐惧。因此，对他来说，承认错误变得超级困难。

想攻击他人的心理

有些人会用自己狭隘的道德标准来衡量他人，批判他人："那家伙太差劲！""那人不行啊！"，与这样的人相处起来也是让人心累。而且，容易涌起对他人的批判心、批判性想法的人，童年时期的心理创伤也是这种情况产生的根本原因。

婴儿又不是带着道德规范出生的，比如"要勤勉，不得懒惰""只工作的人太无趣，不会玩的人不行""会学习的人了不起""男儿当自强"等，这些规范、规则最初都是父母教的，之后才是学校老师、朋友等教的。此时，的确有孩子接收到"不管你是否遵守规范，我们都会从心底爱你"这样的（无言的）信息；另一方面，也有不少孩子接收到"你要是遵守我的规范的话，我就认可你、接受你，不然我就拒绝你"这样的强烈信息。

越是强烈地感到"要是你不遵守规范的话，我就拒绝你、不爱你"这样的（无言的）信息而长大的孩子，越容易在心底产生本真的自我没有无条件地被爱的悲凉和寂寞，以及对父母的怒气。而且，他们会在自己的情感、行动之中，只认可符合父母规范的那些，而十分恐惧、讨厌、否定除此之外的部分。这样的孩子在成长中，会将"要是不将大人说的正确规范直接作为自己的规范接受的话，就没人爱我"，这样的与父母交往中产生的想法，会转移到与学校的老师等其他大人的交往中，因此成为对老师特别顺从的、所谓的"乖孩子"。

越是这样长大的人，越是强烈地执着于遵从从大人那里接受的道德规范，而且，会对不符合该规范的人产生愤怒和轻蔑之情。可是，在这样的愤怒和轻蔑之下，潜藏着只要不遵守大人的规范就没人爱的寂寞和怒气。这样的人对自身行为也是批判性的，不能爱本真的自己，并相信"要是爱本真的自己并接受这样的自己的话，我就完了"。这是因为，他们从父母那接收到了"本真的你自己是个坏孩子。除非你照我们的规范那样来思考、感受、行动，否则就没人爱你"这样的信息。

也有人努力不去感受"如果不遵照父母的规范，就不会被接受"的难受感，认为"我是遵守'正确的规范'的正确的人，接受这样的自己，并喜欢自己"。可是，这样的人，不过是相信"因为自己遵守'正确的规范'，所以是个好人"，基本上也没怎么爱并且接受本真的自己。

受伤的小孩恶意曲解对方的意图

如果有人恶意地曲解对方的意图，周围的人会感到"为什么他会这般恶意解读""为什么这种小事，他都能那么生气、那么受伤"。与这样的人相处时必须得多留意。像这样恶意解读别人的意图也是那个受过伤的小孩在捣鬼。因为，如果感到"世界上最应该无条件地爱我并且接受我的父母，他们却没有充分地爱我"，他们就会相信"别人没理由会爱我"。因此，相信"他人必定（也像我父母一样）会把我想得很坏吧"。

也有许多人，如果他们感到"父母认为我是个能力差的、失败的孩子"，就会对此生出逆反心，努力相信"不是这样的！我是个很有能力的孩子！"并以该逆反心为原动力，努力学习、拼命工作。可是，即使这样取得了成绩，实现了很高的个人成就，"我是不是真的是个失败者"这样的童年时期的恐惧依然残留在心中。因此，即使面对别人无恶意的言行，他们也会将其恶意解释为"那家伙认为我是个失败者"。其实，认为"我是个失败者"的是自己，可是本人没有意识到这一点。

选择不幸

有时，心中那个受伤的小孩还会在内心深处对伤害了自己的人（比如父母等）叫喊："你把我伤害至此！请你明白这一点！向我道歉！你得补偿我！"那个受伤的小孩认为，如果宽恕了那个伤害自己的人，自己也能获得幸福，但必须放弃"希望终有一天他能够明白，我曾被他伤害到何种程度，受到过多大的损害"这样的想法。例如，他们内心会有这样的想法："如果我一直这样不幸下去，那么父母有天知道了他们曾深深伤害我，就会道歉说'原谅我，以前你是对的，错的是我们'，并且会爱我的吧。可是如果想要幸福的话，就必须永久地丢弃这样的期望。"因此，他们会拒绝诸如"宽恕别人"这样的话语、想法，认为"原谅这件事，说做到就能做到吗"。

如上面介绍的，我们心中那个童年时期受过伤的小孩会选择令我们不幸的看法和想法，说出让我们不幸的话语，做出让我们不幸的行为。

未愈的失去重要他人的悲伤

关于让人心累的原因，除了童年时期感受到的"没有无条件地被爱"之外，有时还存在其他心理创伤，比如"失去了重要他人的悲伤"尚未被疗愈，比如喜欢的人离开了人世，与恋人分手，如果这样的悲伤未被疗愈而在你内心深处不停地翻江倒海，那么别人跟这样的你相处时就很难放松。在这样的情况下，疗愈失去重要的人的悲伤非常重要。下面告诉你疗愈失去重要的人的悲伤的四个方法。

方法 1：与人对话

与人谈起与失去的某人有关的感受以及回忆，对于走出悲伤而言非常有帮助。此时重要的是，对着能够认真倾听你诉说并能够懂你的人来说这些。相反，跟那些说"别说这么灰暗的话！别啰唆了，去喝一杯如何"，不肯认真倾听你说话的人对话，几乎不会有什么效果，所以请跟那些认真倾听你说话的人对话。此外，别勉为其难地说，而且得按照你自己的节奏来说。请与那些尊重你的节奏、不勉为其难地让你说东道西、认真倾听你的人对话。

方法 2：仪式感

为了疗愈失去重要他人的悲伤，仪式非常有帮助。例如葬礼是为了帮助那些因失去了重要他人的人从悲伤中重新站起来而进行的。未亡人们在葬礼上极度悲伤，在葬礼后立即回归正常生活。扫墓也是有益的。此外，也可以诚心诚意地处理掉从此人那里得到的物品；到有回忆的地方去对回忆说"再见"；给那人写信然后烧掉或者放在水中任其漂走。只要不是难受得受不了，这些方法也都是非常有帮助的。

方法 3：想哭就哭

哭泣可以促进心灵的净化。有人认为"哭泣是软弱的标志"，这话说反了，只有缺乏感受悲伤力量的人才会避免哭泣。因为感受到悲伤而哭泣，这是力量的标志。

方法 4：咨询和德马蒂尼方法

为了疗愈失去了重要他人的悲伤，求助心理专家是相当明智的。对着理解你的悲伤并认真倾听的咨询师诉说是非常有益的。此外，上一节介绍过的德马蒂尼方法也非常有效。当你感觉到心中失去了的那个人依然栩栩如生从未离开，那么，长年的悲伤只需几个小时就消除了，而且，你也能够从失去重要他人的体验中得到成长。

你受伤不是因为你自己有错

本书进行到这里，已经完全解释了我们心中那个"受伤的小孩"以及"失去了重要他人的悲伤"。**但是，你受伤不是因为你自己有错，你自始至终没有任何不对。**

为此，心理咨询师应运而生，他们有时还使用临床心理师、心理治疗师等头衔。心理咨询不是针对"异常人士"或者"病人"的，而是为了疗愈每个人心中都存在的伤痛。疗愈心中的伤痛这件事，自己一个人是做不到的，个人意识的力量终究是不够的。其原因在于，心中伤痛的中心地带并不是自己能够控制的意识区域，而是被限制于自己察觉不到的无意识区域。若非被限制于无意识区域，你就会经常性地感受到强烈的寂寞和怒气，会因此痛苦得难以自拔。

可是，正因为心理创伤被这样限制着，才不会轻易被疗愈，而是像之前描述的那样，可能会产生如下所述的各种症状及重压，让你变成了让人心累的人。

- 与人会面时会紧张，在意别人的目光
- 不能温柔待人
- 很容易生气，倾向于攻击别人
- 容易陷入负面思维
- 想变得更强，可是弱小的自己突然就出现了
- 人际交往的不顺反反复复

正是为了解决这些症状、重压的根本原因，心理咨询才存在的。比如，我为了自己内心的疗愈和成长，迄今为止接受了各种心理咨询，有的是对话式的，有的是使用身体形式的，有的是哭泣、大喊或者怒吼形式的，有的是静躺形式的……然后，现在我作为援助他人的专业人士，主要践行对话式的个人咨询和德马蒂尼方法这两项。下面主要介绍一下这二者：

对话式的个人咨询

对话式咨询有各种流派及手法。就我践行的对话式咨询而言，来访者每周都来，自由地谈及想说的任何内容。对话式咨询是一个这样的心理咨询：不论对方说什么，咨询师都不做任何评判或者批判，只是设身处地地理解对方、接纳对方。在日常生活中没有这样的时间和机会，这种咨询像是心灵的星期日那样，可以将它比作保持身体的健康方法——如果持续给身体提供高质量的饮食和适度的运动，那么，通过我们体内的自愈能力，有毛病的地方会逐渐被治愈，弱小的地方也可以强大起来，逐渐变得更健康。

心灵也同样如此。可以定期与专业的心理咨询师会面，交谈想说的任何内容。而且，你和咨询师越是能建立起信赖关系，那么你就越能主动说出想说的内容。通过倾谈这些，你会自然而然地变得与你自己的内心合拍。你能够清楚地了解你自己的感受到底是怎样的，你又是怎么想的，心中的重压、苦楚到底来自哪里，自己到底想干些什么，等等。与此同时，你还能够更温柔地与自己共情并理解自己，于是深重的伤痛被逐渐治愈，内心逐渐变得阳光开朗。

德马蒂尼方法

对于解决心理苦楚从而实现成长而言，德马蒂尼方法是非常有效的辅助方法。它是被称为"现代哲人"的美国人约翰·德马蒂尼博士提出的。德马蒂尼方法几乎对所有的心理苦楚都有效，例如，与人相处时感到紧张、自卑感、家庭问题、人际关系的不顺及苦恼、过去的难受体验、罪恶感、失去了重要他人的悲伤、与病情或残疾有关的苦楚、工作没干劲、没有为自己的人生而活的存在感和充实感等。德马蒂尼方法除了能解决苦楚之外，对于帮助阳光开朗的成功人士获取更大的成功和幸福，进一步发挥潜力，也具有很好的效果。

这种方法的践行方式是，回答推动者（咨询师）提出的问题，而且这些都是迄今为止你从未考虑过的问题。在回答问题的过程中，你可以获得对人、对事、对自己的实际感受。由此，你或许会对生过他的气的人、害怕过的人产生爱和感激，原本你心中的负担和苦楚也可以消除了。

此外，如果着手应对失去了重要他人的悲伤，那么你将会感受到失去了的那个人还在你心中活得好好的。而且，你还将感到那个人离别后留给你的珍贵的礼物也依然长存在自己心中。因此，失去重要他人的痛楚也不复存在，反而会从心中涌出感激之情，因为你曾与那人在人生的某一时期一起生活，那人的离别给你留下了珍贵的礼物。

而且，用德马蒂尼方法的话，基本上一个会话就能完结一个问题。迄今为止，在我这里接受过德马蒂尼方法的人士有如下感想："约三十年的无力感、无价值感烟消云散了。""这么短时间消除罪恶感的体验还是头一次呢。""一切都是有意义的，我对一切心存感激。现在的我能够实际地感觉到什么也不缺。""我带着厌恶自己的难受之情长成大人，可是，头一次变得想把自己看得重要些。""我终于明白，正因为这些巨大的失意，我才得到了重要的领悟。真的好感激。今后的人生也将努力度过。""仿佛心中阴云散去，蓝天一望无际，这就是重生啊！思维和身体都变得活力满满了。我会向在人生的重要方面有问题的人士郑重推荐。"

你可以在网上搜索"德马蒂尼方法",主动联络其中一位推动者,让专业人士帮助你进行疗愈和成长是极好的。

咨询师都是好说话又温柔的人

烦恼的真正根源存在于意志力达不到的地方。因此,即使你自己努力做些什么,也可能找不到真正的原因,或者白费气力。此外,即使去听演讲,或者自学心理学,也解决不了内心深处的问题。因此,向心理咨询师、德马蒂尼方法专业人士寻求帮助是有意义的。

虽说如此,你可能也会像以往的我那样,对会见咨询师心存抵触:"这点烦恼就去咨询会不会太奇怪了?""要是我说一大通也没人懂我,还以为我是个'奇怪的人'的话,可怎么办才好呀?""不知道说什么才好。""要是想不起来说什么的话,该怎么办才好呢?"其实,如果是去跟职业咨询师对谈的话,完全不需要有这些顾虑。见到咨询师时,只要有想说的话,自由地倾谈任何内容都行,烦恼也好,日常琐事也好,什么都行,要是不想说,那也没必要没话找话。如果觉得我前面介绍过的、成为让人放松的人的方法还不够，或者虽然那些方法有效可是还想成为相处起来能让人更加放松的人，你可以通过获得心理专家的帮助去治愈心理创伤，这是非常有效的。

怎样选择咨询师？

所谓咨询师，都有与自己合拍、不合拍的分别，咨询还分为好几个流派，哪个流派好不是一句话能说得清楚的。因此，想要选择一个好的咨询师，可以让接受过高质量咨询的熟人直接推荐。此外，如果咨询师收费较高，却依旧日程繁忙，那他极有可能是个咨询水平较高的咨询师。

判断咨询师是否繁忙的条件之一，是预约的难易程度。比起任何时候都能拿到预约的咨询师，需要等几周甚至几个月的咨询师可能更受欢迎。虽说如此，这些不过是大致判断。免费或低收费的条件下也有优秀的咨询师，而且收费高的咨询师也可能不适合你。此外，关于咨询预约的拥挤程度，每周开业时间短、一次咨询历时长的咨询师，即使来访者人数少,他们也能立刻就把预约填满了。相反,每天长时间开业的咨询师以及较短时间就结束咨询的咨询师,即使来访者多,也容易取得预约。(此外,短时间结束咨询的职业咨询师不一定就比进行长时间咨询的咨询师优秀。)

咨询师适合不适合自己要通过几次会面才会明白。我认为最糟糕的是,以不知道哪个咨询师好为借口,持续地逃避咨询。谁都不能保证人生百分百顺利,只有尝试着去做,才有车到山前必有路的可能性。如果与咨询师会面,一起努力一段时间,可是觉得没什么好结果,那么可能换个咨询师会好点。此外,作为咨询师,我认为,对于各位来访者,心中决定解决掉苦楚的原因,并认真为此努力的人更容易得到好结果。

相反,越是欺骗自己"问题不解决也没什么,原本也不是什么了不起的大问题",抱着"嗯,试一次吧"这种模棱两可的态度尝试,拜托咨询师——"请咨询师帮我(救我)",那么,你的咨询越可能进展不顺。因此,我真心希望你抱着"获得咨询师的支持,认真应对问题,并解决掉它"的决心,用心投入,这样,你的人生才会变得更好。

结 语

本书最后将介绍用来构筑幸福的人际关系的三个重点：诚心待人、温柔待己、疗愈心理创伤。

诚心待人

诚心地与对方进行日常交往，比如打招呼、回信、交递某物、为之写便签。这样，对方最后肯定会知道你的付出，你的人际关系会变好的。此外，我每天早晨会为认识的人、我的读者等人士的幸福祝祷，我感受到这对我的人际关系也有好影响。从这个角度来看，其实我们日常的所想所为都是非常重要的。

温柔待己

你得对自己温柔相待,这是非常重要的。

本书中建议的事项,有些是你做不到的,比如,做不到由自己首先给予对方好处,在会话中想提及对方的名字并传达溢美之词可是却没有勇气说出来,等等。可是,比起你温柔待己的重要程度,这些真的什么都不是。比起自责,不如笑称"又犯了"。当你想要自责时,笑称"又自责了"即可。请对你自己微笑,温柔地对待你自己,讨你自己的喜欢。

越是自己认为自己讨厌的地方、有缺点的地方,越需要被爱。如果这样的地方被你责备或者讨厌,那么你就得不到救赎。即使压抑、责怪你的软弱、邪恶本性、嫉妒、独占欲、优柔寡断、懒惰、悲伤,也于事无补。只有就那样爱着它们,才会有所改变。因此,为何不朝向你心中厌恶、讨厌的地方说一声"一直欺负你,对不住""一直讨厌你,对不住""我好喜欢你的"。如果实在做不到,那么至少可以温柔地微笑着说声"我做不到啊"。这是成为自己喜欢的自己的最佳途径。

疗愈心理创伤

能够得到专业人士的帮助来治疗心理创伤是非常明智的。你越是能够无条件地喜欢并重视你自己,周围的人跟你相处时就越能够放松。

请践行本书中介绍给你的诸多方法,这样的话,你的人际关系将变得更放松、快乐,你人生中的幸福和喜悦都会增加。

我将一直支持你。